SPORT
DESIGN
Brainstorming Books

NUMEN
ARTE A TRAVÉS DEL TIEMPO

Autor & Director Creativo Óscar Asensio
Coordinación Editorial Yanina Arruiz
Diseño & Maquetación MeriBlue Stefler
Jefa de Redacción Virginia Rodriguez Cánepa
Textos Florencia Falabella
Imágenes Sus Autores

Creación y Desarrollo
© 2011 Línea Editorial

 info@lineaeditorial.com

 lineaeditorial.com

 bloglineaeditorial.com

facebook.com/Linea Editorial

@linea_editorial

 linea_editorial

Importado y publicado en México en 2011 por / Imported and published in Mexico in 2011 by: Advanced Marketing, S. de R.L. de C.V.
Calz. San Fco. Cuautlalpan No. 102 Bodega "D", Col. San Fco. Cuautlalpan, Naucalpan, Edo. de México, C.P. 53569
Título Original / Original Title: Sport Design
Fabricado e impreso en China en Junio 2011 por / Manufactured and printed in China on June 2011 by: Shanghai EQprinting factory, BuildingC Lane528, Nianjiabang Road Wanda Plazza, ShanghaiPudong New District 201318

ISBN 978-607-404-497-3

ÍNDICE

5

ÍNDICE

INTRODUCCIÓN

11

El deporte: Un sistema de comunicación eficaz

Podría decirse que casi todos los pueblos de la humanidad han practicado algún tipo de deporte. El hallazgo de diversos utensilios y estructuras, permite suponer que ya en el año 3000 a. C., los chinos realizaban actividades deportivas como la gimnasia. Los egipcios practicaban natación y pesca - entre otras disciplinas - y en la Antigua Grecia, el deporte cumplía un rol tan importante para su cultura, que fue dentro de su geografía donde nacieron los Juegos Olímpicos y allí se disputaron, cada cuatro años, durante más de un milenio. Muchas disciplinas deportivas antiguas - como la jabalina o la lucha cuerpo a cuerpo - , parecen haber surgido en el ejercicio de destrezas físicas y psicológicas asociadas a la autoconservación o supervivencia, e incluso, vinculadas a la cultura militar de aquellos pueblos.

No obstante, más allá de sus múltiples finalidades y manifestaciones, el deporte moderno, es entendido como una actividad física que se realiza bajo el modo de un juego o una competencia y cuya práctica – individual o grupal - supone un conjunto de reglas que deben ser respetadas por los jugadores. Pero además, en la actualidad, el deporte también es sinónimo de recreación. Se trata de una actividad placentera y divertida.

Lo cierto es que, repleto de significaciones que se construyen a su alrededor, el deporte, por sobre todas las cosas, opera como un sistema de comunicación que alcanza a millones de personas en todo el mundo y atraviesa las diferentes culturas sin la necesidad de intermediarios para ser comprendido. A través de él, se elaboran numerosos discursos que interpelan a las personas y a las sociedades en general, abarcando aspectos de la vida cotidiana de lo más variados. El discurso deportivo habla de todo. De qué es saludable física y mentalmente y qué no lo es, de las cuestiones de género, de lo estético y de lo ético, de lo económico y de lo social, del bien y del mal.

Es que el deporte también tiene su dimensión moral, mediante la cual es posible pensarnos y pensar a los demás, midiéndonos a la luz de un sistema de valores que incluyen la igualdad, la cooperación, la ayuda mutua, la solidaridad y el jugar limpio. Pero también la superación, la disciplina, la competitividad, la victoria y la derrota.

El deporte moderno y espectacular

Si bien han estado presentes en la vida del hombre desde la antigüedad, los deportes, tal como los conocemos hoy, encuentran su origen en la Revolución Industrial y, más precisamente, en el capitalismo inglés de mediados del siglo XIX. Por ese entonces, la necesidad de codificar distintos juegos populares como el fútbol o el rugby, y de regular ciertas prácticas de la aristocracia británica, como el boxeo, favorecieron la emergencia de los deportes modernos, los cuales, muy rápidamente, se convirtieron en el entretenimiento de las clases sociales con tiempo libre.

Recién a finales del siglo XIX y principios del siglo XX, los deportes comenzaron a extenderse hacia las grandes masas, los sectores obreros y escolares, quienes se fueron apropiando de los mismos, popularizándolos hasta desplazar de su práctica, en algunos casos, a las clases altas. Algunos sociólogos especializados en deporte sostienen que esta apropiación está vinculada – con características diferentes en los distintos países – por un lado, con la idea de que en el mundo capitalista, el deporte se presenta como aquel espacio en el cual el débil puede vencer al fuerte. Por otro lado, la profesionalización de las prácticas deportivas permitió a las clases populares ascender socialmente.

Es que el deporte, además de ser una actividad social fuertemente ritualizada y organizada, también es una actividad económica que necesita y, a la vez, produce bienes y servicios. En este sentido, implica el desarrollo tanto de una infraestructura adecuada, como de materiales y equipamientos específicos para su práctica. Así, la popularización del deporte y su consiguiente profesionalización generaron un nuevo mercado de trabajo. Por un lado, surgieron puestos vinculados al ejercicio, la enseñanza y la gestión de actividades asociadas al deporte. Y, por el otro, a la producción y difusión de espectáculos deportivos. Devenido en un nuevo producto de consumo de la sociedad contemporánea, el deporte trascendió la mera actividad física, convirtiéndose además en espectáculo, y transformando a sus consumidores en espectadores.

Asimismo, la apropiación del espectáculo deportivo por parte de los medios de comunicación, dio lugar a la creación de periódicos especializados, programas de radio y televisión y hasta al surgimiento de cadenas de tv, dedicadas exclusivamente al universo del deporte. A través de los medios, los grandes acontecimientos deportivos como los mundiales de fútbol, el Súper Bowl – la final del torneo más importante de fútbol americano en los Estados Unidos -, las finales de la NBA – National Basketball Association - o los Juegos Olímpicos, adquirieron dimensiones extraordinarias.

Decenas de sponsors sumándose al evento, innumerables cámaras apostadas en diferentes sectores del estadio, despliegues tecnológicos inigualables por otro tipo de espectáculos mediatizados y publicidades de todo tipo, puestas al servicio de las transmisiones, que son seguidas por millones de personas en todo el mundo, algunas de las cuales, probablemente jamás hayan practicado deporte alguno. Es que, aunque generalmente se asocie al consumo deportivo con una audiencia específica, casi exclusivamente masculina, este tipo de acontecimientos suelen despertar el interés de espectadores de lo más diversos, debido, precisamente, a la gran espectacularización del evento.

No obstante, los medios de comunicación – y especialmente la televisión – también han colaborado con la popularización de muchas disciplinas deportivas y, fundamentalmente, han elevado al papel de "celebridad", a algunas figuras del deporte mundial. El espectáculo deportivo tiene la capacidad de convertir a ciertos deportistas destacados por su talento, en súper estrellas.

De todos modos, la destreza física, si bien es condición, no siempre alcanza para poder acceder a esta especie de "jet set" deportivo. Y, el pertenecer o no, a este selecto grupo, se encuentra estrechamente vinculado a la dimensión moral del deporte. Un deportista estrella es, ante todo, un ganador. Sin embargo, no todos los ganadores son merecedores de semejante título. El triunfo debe venir acompañado del esfuerzo y la superación de las adversidades, sin dejar de lado, por supuesto, el juego limpio y la solidaridad para con sus compañeros de juego, pero también - y fundamentalmente – para con sus competidores.

Aunque cumplir con todos estos requisitos no siempre es suficiente para llegar al estrellato. Por lo general, los mandatos exceden los límites del campo de juego y el deportista debe comportarse de acuerdo a la moralidad que impone el deporte, también en el ámbito privado. Parecería ser que una estrella del deporte debe llevar una vida ordenada, una alimentación adecuada y no cometer ningún tipo de exceso. Debe ser un ejemplo de disciplina y superación y poseer, también, un cuerpo saludable y trabajado.

Es que, además de heredar la idea moderna de que el cuerpo del deportista - como el del resto de las personas - es una maquina más, productora de resultados, sería también portador de los valores y significados inherentes a la moral deportiva. Ya sea encarnado en la imagen del deportista, o como actividad física o espectáculo, el deporte es un producto de consumo. Y como tal, se encuentra sujeto a las leyes del mercado y se vale de herramientas de marketing para satisfacer las necesidades y deseos de los consumidores, a través de procesos de intercambio.

No obstante, como plantea el especialista en marketing deportivo Bernard J. Mullin, estos instrumentos no sólo son usados para comercializar productos y servicios deportivos, sino también, para vender todo tipo de bienes y servicios, utilizando el deporte como vehículo de promoción. En este sentido, las marcas recurren cada vez más a las variadísimas estrategias del marketing deportivo para promocionar sus productos. Las mismas incluyen desde el desarrollo de campañas publicitarias apoyando el deporte, cuando se disputa un acontecimiento deportivo importante, hasta sumar su nombre al de un torneo oficial, colocar publicidad en el perímetro del campo de juego o, incluso, utilizar la imagen de algunos deportistas para asociarla a los productos que la marca intenta comercializar.

Y de la mano de las marcas, el diseño - en tanto disciplina proyectual que se ocupa de traer productos al mundo - , desembarca en el universo deportivo. Valiéndose de innovaciones tecnológicas y utilizando materiales y formas – entre otros recursos –, su tarea consiste, en primera instancia, en diseñar productos capaces de mejorar la práctica deportiva. Sin embargo, su aporte no se reduce sólo a este aspecto. En la actualidad, el diseño se ocupa, además, de cuestiones vinculadas a lo estético y a la construcción de la imagen del deporte, en su sentido más amplio.

El diseño multidisciplinar y el deporte

La imagen parece repetirse una y otra vez, sin importar de qué deporte se trate. Poco afecta, tampoco, qué tipo de imagen sea. Lo cierto es que, a la hora de mostrar el deporte, su moral brota hacia el centro de la escena y se apodera de las fotografías, de las publicidades, de los diseños gráficos, de las ilustraciones, construyendo el mismo concepto. Todo se reduce a un cuerpo marcado, doliente, concentrado y esforzado por obtener la consagración, trabado en lucha para lograr el triunfo.

El diseño conceptual del deporte, es decir, la construcción de los discursos que hablan de él, son abordados desde el diseño gráfico y la publicidad, bajo los lineamientos de la moral deportiva. Y esta serie de valores, trascienden las diferentes culturas y parecen ser aceptados y vistos positivamente por gran cantidad de personas. Cuando una marca elige llegar a sus consumidores a través del deporte, ya sea porque se dedica a la comercialización de productos o servicios deportivos, o porque encuentra en él un vehículo eficaz de promoción, se asocia - directa o indirectamente - a la moral deportiva.

Tal vez ése sea el motivo por el cual, a menudo, las marcas globales acuden a las estrellas del deporte para comunicarse con sus consumidores. Indudablemente, todas las marcas encuentran atractivo el hecho de asociarse con ganadores. Y las súper estrellas del deporte, ante todo, son eso. Pero si además de ser portadores de una cualidad que es apreciada positivamente por los consumidores, estas figuras encarnan valores como el ser saludable, jugar limpio y no darse por vencido nunca, las marcas obtienen un rédito mayor aún.

Teniendo en cuenta esto, no sólo las firmas vinculadas directamente con el deporte hacen uso de esta herramienta del marketing deportivo. Rolex, Armani, Gillette, Banco Santander o Kia Motors, son sólo algunas de las marcas internacionales que nada tienen que ver con el mundo del deporte y, sin embargo, utilizan o han utilizado a deportistas reconocidos mundialmente como imagen de su marca.

Lo cierto es que, a la hora de comunicar cualquiera de sus productos, las firmas que eligen hacerlo a través de deportistas, por lo general, prefieren mostrarlos en acción, ya sea en un campo de juego, en una pista o en cualquier otro escenario. En estos casos, el producto aparece casi anecdóticamente. Lo importante aquí, sería el establecimiento de una especie de paralelismo entre las cualidades del deportista y las del producto que la marca quiere vender.

En cuanto a las marcas deportivas, que abarcan desde la indumentaria y el calzado, hasta alimentos y bebidas asociadas al deporte, la estrategia de comunicación parecería ser más simple. El deportista, también visto en acción, ya no encarna los atributos del producto, sino que, en estos casos, la comparación se establecería con el público, que se siente identificado o le gustaría ser como aquel. En este sentido, el producto en cuestión, podría ayudarlo a concretar esa fantasía.

En el caso específico de las marcas de indumentaria y calzado deportivo, el diseño cumple un papel preponderante y suele ser el principal motivo por el cual se efectúa la compra de un producto. Podría decirse que un consumidor se siente más atraído por unas zapatillas resistentes y cómodas - gracias a la aplicación de nuevas tecnologías y materiales - que por la estética del producto en sí. No obstante, el diseño de algunos modelos se completa con detalles que, aunque no tengan incidencia en el desempeño deportivo, están inspirados en la súper estrella - imagen de la marca - que se los calzará para salir a la pista o al campo de juego. Asimismo, el diseño se encuentra presente en los atuendos, pensados también para optimizar la práctica deportiva, abarcando desde telas con ventilación que permiten que la piel transpire, hasta la búsqueda de prendas que den libertad a los movimientos del deportista.

Es que la razón de ser del diseño, en su sentido más amplio, es la de encontrar respuestas a las demandas del campo social. Y para poder cumplir con su cometido, debe introducirse en el universo que quiere transformar. En este sentido, su portavoz – el diseñador – mediante la investigación y el análisis del contexto en el que implantará su creación, interpreta esas demandas, para luego satisfacerlas. De esta manera, cuando un diseñador se ve en la tarea de desarrollar piezas industriales, gráficas, publicitarias y packagings de productos deportivos, indefectiblemente, debe adentrarse en el mundo del deporte. Una vez allí, la moral deportiva se impone también en el diseño, cuyos productos deben estar alineados con el sistema de valores que el deporte propone. Entonces el diseño, en tanto fenómeno de la comunicación contemporánea, reproduce y difunde, a través de sus creaciones, estas cualidades.
Así, por ejemplo, unos botines de fútbol deben contribuir con el deportista para que éste colabore con el triunfo de su equipo. Sin embargo, las características del calzado deben respetar las reglas propias del fútbol - es decir, jugar limpio - sin dar ventajas a quien los lleve puestos, por sobre los jugadores del equipo

contrario.

En relación al diseño industrial, el abanico de productos vinculados al deporte es de lo más variado. Incluye desde los accesorios que necesita un deportista para practicar una disciplina deportiva, hasta los equipamientos, estructuras y elementos inherentes al desarrollo mismo del deporte. Y aunque, a modo de entretenimiento, es posible jugar un deporte utilizando sólo el ingenio para improvisar desde una pelota o un aro para encestar, hasta las marcas de los límites del campo de juego, realizar una práctica deportiva a nivel profesional, implica el desarrollo de productos tan competitivos como aquellos que los consumen. En este sentido, el diseño rescata e interpreta el carácter competitivo del deporte, dando lugar a objetos que buscan enaltecer la moral deportiva.

Así, entre los diseños industriales que refuerzan los valores que el deporte impone, podemos encontrar raquetas más livianas y rígidas, pelotas de fútbol ligeras y trajes de baño cuyas telas reducen la resistencia en el agua, debido a que reproducen las características biológicas de la piel de varios animales marítimos. Los avances tecnológicos y las ideas creativas de los diseñadores son puestos al servicio de la manutención de la moral del deporte. Moral que es capturada y representada a través del diseño gráfico.

Habitualmente, las imágenes que se construyen del deporte no pueden dejar de lado a la figura del deportista. Es que en él se encarna el deporte, él mismo es el deporte. Una pelota de rugby, un taco de polo, o un palo de golf, por ejemplo, nada significarían por sí solos, sin una persona que los haga funcionar. Por otra parte, son los deportistas quienes portan la moral deportiva y todo el sistema de símbolos que ésta construye a través de sus valores. Un basquetbolista a punto de encestar el doble que le dará el triunfo a su equipo, el brazo levantado de un boxeador, indicando su consagración como campeón, o un piloto de Fórmula 1 festejando con champagne desde el podio ganador, son algunas de las imágenes que hablan de deporte, que lo construyen conceptualmente, desplegando un abanico de íconos que hablan del triunfo, pero no sólo de eso. A través del diseño gráfico del deporte podemos rastrear valores como el sacrificio, la concentración, la competitividad, la cooperación, la derrota, el sufrimiento o el dolor, siempre vistos desde el ángulo de la superación personal, ya que el deportista, es el verdadero protagonista del deporte.

Algo similar sucede con la publicidad. En este ámbito, una cara conocida, un astro del deporte, es capaz de multiplicar el mensaje de una marca, otorgándole al producto que publicita una popularidad mayor e, incluso un éxito rotundo en sus ventas. Sin embargo, para que eso ocurra, es necesario que la figura que presente esa marca cumpla con todas las condiciones para ser un buen deportista, lo cual implica, no sólo un gran desempeño en el campo de juego o en la pista, sino también, una buena actuación en su vida cotidiana.

Un caso que bien ejemplifica la cuestión es el del golfista Tiger Woods. Considerado el mejor jugador de golf de la historia, luego de que salieran a la luz, en noviembre de 2009, supuestas relaciones extramatrimoniales, la imagen de Woods decayó notablemente. Tanto, que no sólo se vio obligado a abandonar temporalmente el circuito profesional, sino que, además, varios de sus patrocinadores – entre ellos la consultora Accenture, la compañía de telecomunicaciones AT&T y la bebida isotónica Gatorade – decidieron sacar la imagen de Woods de sus campañas publicitarias. Es que en el discurso de la publicidad, el deporte es sinónimo de éxito. No sólo en el campo de juego, sino en la vida, en su sentido más amplio.

En relación al diseño de packaging, muchas veces éste ha sido definido como la piel de un producto. Y, partiendo de esta definición, el packaging sería – al igual que la piel – un sistema de comunicación con el entorno. En este sentido, ambos hablan de lo que ocurre en su interior, de aquello que contienen.

Y en el caso de los grandes eventos deportivos, como los Juegos Olímpicos o el Mundial de Fútbol, es posible notar más fácilmente esta especie de paralelismo entre el packaging y la piel. Porque, así como podemos ver a los espectadores, desde sus tribunas, teñidos de los colores del país al que están alentando, numerosas marcas utilizan como estrategia el lanzamiento de ediciones especiales de un producto, en el que sólo cambia el envase en el cual viene contenido.

Teniendo en cuenta que los mega eventos deportivos generan una sensibilidad especial, fundamentalmente en aquellas personas fanáticas del deporte, pero también en las que no lo son, las grandes compañías suelen utilizar el diseño para estimular más aún esos sentidos y establecer lazos afectivos con los consumidores, capaces, incluso, de modificar hábitos de consumo si sus emociones se lo solicitan.

Entonces, las marcas, ante una oportunidad semejante, se embarcan en el desarrollo de packagings novedosos, tanto desde su formato, como desde su layout, trascendiendo lo estrictamente funcional, para comunicarse con sus consumidores desde lo emotivo. Utilizar la imagen de los deportistas que, se supone, serán las figuras destacadas del evento, lookear los packs con los colores del país en el que se comercializa el producto, apelar a un lenguaje deportivo, que incluya aquellos valores propios de la moral deportiva y generar acciones promocionales relacionadas con el evento en cuestión, son sólo algunas de las estrategias usadas por las marcas para mantener su liderazgo durante el tiempo en el que el deporte se hace presente en la vida cotidiana de las personas.

En este contexto, la disputa entre las marcas se torna más encarnizada e intensa y las grandes compañías, no importa el rubro al que pertenezcan, se esfuerzan para que su producto sea el oficial del torneo.

Entonces, nos encontramos con que existe una pelota oficial del Mundial de Fútbol, pero también es posible rastrear una bebida oficial y hasta una cadena de comidas rápidas oficial.

Sin embargo, esta lucha entre las marcas, que encuentra su punto más álgido en los grandes acontecimientos deportivos, no concluye con la ceremonia de premiación. Como el deporte suele ser un vehículo de comunicación muy eficaz, las marcas que desean asociarse a las cualidades positivas que éste transmite, se pelean por conseguir contratos de exclusividad con la celebridad deportiva del momento, estar presentes en cuanto evento ligado al deporte exista, incluso en el mismo campo de juego, en las camisetas que llevan puestas los jugadores, en los autos y motos de carrera o en los trajes de baño de los nadadores, entre otras cosas.

Teniendo en cuenta que las marcas han impregnado el universo del deporte, la única manera de destacarse es a través de la creatividad y el diseño. En este sentido, es el diseño multidisciplinar quien realiza un aporte de valor en el ámbito deportivo.

Tendencias del diseño aplicado al deporte

Con todo lo dicho, parecen no quedar dudas acerca de que el deporte constituye una tendencia en sí misma. Impone un patrón de comportamiento a quienes desean practicarlo y observarlo, determina estilos de vida y define modos de ser y hasta de vestir. No obstante, el deporte desencadena el surgimiento de otras tendencias vinculadas a él, involucrando también al diseño multidisciplinar, debido a que éste interpreta el universo del deporte y sus discursos y, a la vez, los resignifica con sus creaciones.

Urbanización del deporte: Desde hace algunos años, la indumentaria deportiva trascendió los límites de las pistas y estadios y fue apoderándose de las calles de la ciudad. Y aquellas prendas, que años atrás parecían diseñadas exclusivamente para las deidades del Olimpo deportivo, empezaron a ser vistas en la vida real y a toda hora, sobre los cuerpos de personas comunes y corrientes, que incluso, en ciertos casos, es probable que jamás hayan realizado actividad física alguna. Desde ese entonces, diversas piezas asociadas a la cultura deportiva se fueron incorporando a la moda urbana. Bolsos, leggings o zapatillas combinadas con sastrería informal y atuendos nocturnos, son algunos ejemplos que demuestran que la indumentaria deportiva llegó a la moda urbana para quedarse. Esta tendencia es reforzada por algunas celebridades, quienes impusieron el estilo atlético en su look diario y fueron convocadas por marcas deportivas para ser la imagen de sus campañas o para diseñar su propia línea de indumentaria urbana, como lo hizo la firma Reebok con la actriz Scarlett Johansson. También podemos encontrar colecciones realizadas por diseñadores top, que contribuyen a que el look deportivo se instale en el paisaje de la urbe.

Rediseño de tiendas deportivas: Debido a la importancia que fue adquiriendo el diseño en el deporte, la fisonomía de las tiendas especializadas se ha visto modificada. El diseño, presente en la ropa y el calzado deportivo, no sólo se fue imponiendo en las calles, sino también en los locales de las grandes marcas de deporte. En la actualidad, muchas tiendas han dejado de ser un muestrario de zapatillas y prendas, para convertirse en espacios arquitectónicamente delicados y amplios, ambientados con una estética minimalista y cierto aire tecno.

Recorrer estos locales resulta una experiencia novedosa, en relación con las visitas que años atrás un consumidor podía realizar a este tipo de tiendas. Desde la iluminación y el aroma que se puede respirar en estos lugares, hasta el diseño de las vidrieras y la variedad de productos que se pueden encontrar allí, parecen indicar que en estos modernosos espacios ningún detalle está librado al azar. Más bien todo lo contrario. En todos los elementos dispuestos en el local es posible rastrear la presencia del diseño multidisciplinar aplicado al deporte.

Personalización de los productos: Desde ediciones limitadas de zapatillas, disponibles para cualquier mortal que pueda pagarlas, hasta calzado e indumentaria pensada exclusivamente para cada súper estrella del deporte, la aplicación del diseño en el mundo deportivo ha permitido la emergencia de productos personalizadísimos.

Cada acontecimiento deportivo de trascendencia internacional parece ser el escenario perfecto para el surgimiento de diseños innovadores – apoyados, en algunos casos, en las posibilidades que brindan los avances tecnológicos – aplicados no sólo a la ropa, accesorios y calzado de los deportistas, sino también a los equipamientos e instalaciones utilizadas en dicho acontecimiento. Esta tendencia favorece el desarrollo de productos cada vez más específicos, atentos a las necesidades de cada tipo de consumidor. En la actualidad, es posible elegir entre miles de pares de zapatillas aquel que mejor se adecue a nuestros gustos, pero también adquirir dispositivos capaces de medir y registrar nuestros movimientos, o incluso funcionar como un entrenador virtual a nuestra disposición las 24 horas del día.

Por otra parte, la personalización de los productos deportivos alimenta una especie de fantasía de profesionalización de los consumidores, quienes pueden suponer, por ejemplo, que comprando los botines que utiliza habitualmente el jugador de fútbol Lionel Messi, estarán mejor equipados para realizar la práctica de ese deporte y obtener resultados óptimos.

Sustentabilidad: Cada vez más presente en el ámbito del diseño en general, la sustentabilidad implica asegurar las necesidades del presente, sin comprometer la capacidad de las futuras generaciones para enfrentarse a sus propias necesidades.

Entonces el diseño, cuya razón de ser es traer nuevos objetos al mundo, no puede dejar de lado la sustentabilidad, la cual, en su sentido más amplio, abarca todos los aspectos del ciclo de vida de un producto. Por lo tanto, se puede hablar de diseño sostenible, cuando éste considera todo el proceso de producción de un objeto, desde el origen de las materias primas hasta el modo de distribución y el consumo, incluyendo el impacto que el producto tendrá en el medio ambiente.

En el universo del deporte, el diseño sustentable se encuentra presente, por ejemplo, en el desarrollo de algunos empaques, como el "Clever Little Bag" realizado por el diseñador industrial Yves Béhar para la marca Puma. Este nuevo concepto de pack prescinde de la bolsa plástica, ya que la caja posee asas que facilitan el transporte del producto. Pero además, permite reducir un 65% el papel utilizado con respecto al envase anterior y disminuir las emisiones de carbono. Todo esto, manteniendo la funcionalidad del packaging que consiste, básicamente, en proteger aquello que contiene.

Otro ejemplo de diseño sostenible en el ámbito deportivo lo brinda Nike, que utilizó poliéster reciclado - botellas de plástico - para confeccionar las camisetas de fútbol que vistieron los jugadores de las selecciones de Holanda, Brasil y Portugal durante el Mundial de Sudáfrica 2010. Estos diseños forman parte de un programa más amplio que Nike llama "Considered Design", el cual consiste en el compromiso de la marca para diseñar sin poner en riesgo el rendimiento de los atletas, pero tampoco el planeta.

El deporte está presente, sin lugar a dudas, en la vida del hombre. Ya sea como actividad recreativa, como pasatiempo digno de ser observado a modo de espectáculo o, incluso, como un sistema de valores que propone modos de ser. Y es esta marcada presencia en la vida cotidiana lo que impulsa al diseño a interpretar el universo del deporte y resignificarlo a través de sus creaciones.

DISEÑO GRÁFICO

Con un puñado de recursos como el uso del color, las tipografías, las ilustraciones y fotografías – entre otras cosas -, el diseño gráfico tiene la capacidad de imprimirle identidad a una marca. Desde la realización de un logo o el desarrollo de una campaña, hasta las gráficas que servirán de base para la elaboración de piezas tan variadas como un sitio web y una animación, todo lo que una marca tiene para comunicar parece estar atravesado por el diseño gráfico. Entonces, de la combinación de elementos resultan diseños de todo tipo, como los que se pueden observar en éstas páginas. Piezas como las de Charis Tsevis, las cuales, a partir del juego que se produce entre la figura y el fondo, se diluye el límite entre el diseño y la obra de arte. Logos como los de Caglar Sasmaz, quien, a modo recreativo, y modificando sólo un detalle en los logos de Nike y Adidas, logra un efecto que sorprende, mostrándonos algo que ya conocemos, pero desde otra óptica. Finalmente, imágenes como las diseñadas por Matt Checkowski & Kurt Mattila parecen indicarnos, mediante la utilización del recurso de la luz, la importancia de las figuras que protagonizan las piezas, elevándolas, de alguna manera, a la categoría de estrellas. Encargado de elaborar discursos que hablan del deporte y de imprimirle identidad a las marcas vinculadas con el ámbito deportivo, el diseño gráfico nos permite, también, entender qué aspectos del deporte resultan importantes para cada una de las empresas vinculadas a este basto universo.

UFHO

¿Cuáles son los colores y las formas características del universo gráfico deportivo? Pensamos que no hay un color o forma específica, pero que las publicidades gráficas en deportes normalmente exigen un sentido de movimiento. Y mientras estas formas y colores puedan ayudar a trasmitir el mensaje, básicamente depende del criterio del diseñador. **Las marcas deportivas trascendieron su ámbito tradicional para convertirse en referentes de moda ¿cómo se reflejó esa evolución en el diseño gráfico de las piezas asociadas al rubro?** En cierto modo, el diseño gráfico en deportes ahora tiene mucho más estilo y está mucho más conectado estéticamente con la moda. A las personas le importa más cómo lucirán usando las marcas deportivas que las características y/o funciones del producto en sí. Creemos que lo mismo puede ser dicho de la mayoría de los productos hoy, y finalmente el diseño gráfico en deportes termina siendo el costado " de estilo" del diseño gráfico. **¿Qué deporte considera más fácilmente "diseñable"?** No debería porqué haber uno más fácil que otro si estamos constantemente intentando crear cosas nuevas. Puede haber una cierta apariencia que se adecue a una determinada categoría de deportes, eso hace más fácil la inspiración, pero si uno quiere hacer algo mejor de lo que ya fue hecho, da lo mismo empezar de cero para cualquier deporte. **¿Cuál de sus trabajos resume mejor su estilo?** Nos gusta pensar que siempre estamos progresando como estudio de diseño gráfico, y el tener un estilo definido es algo de artistas. Si hubiera un "estilo" para categorizarnos, sería que siempre estamos evolucionando e intentando mejorar. Ese sería nuestro estilo de trabajo. **Siendo una compañía que desarrolla contenidos para jóvenes ¿podría describir los principales recursos del diseño para acercar el deporte a este segmento?** Como con todas las diferentes formas de diseño gráfico, es necesario conocer la audiencia y adecuarse a sus distintivas formas de comunicarse. Diseñar para el segmento joven significa que estamos constantemente aprendiendo cosas nuevas para mantenernos actualizados. Los recursos para esto pueden venir desde redes sociales, sitios de tendencias y foros de noticias relacionadas al diseño contemporáneo. Observar lo que pasa en la calle también ayuda a tener una visión general de las tendencias del momento. **¿Cuál es para usted el pecado más repetido en el diseño gráfico en general?** La Repetición, hecha de mala manera. **¿Podría mencionar el proyecto más extravagante del que haya participado?** Nuestro material para Ministry of Sound fue bien llamativo, este era su propósito, para que la gente los eligiera. No había ningún título, tema o llamada a la acción, solamente imágenes gráficas en la parte frontal. Ese fue el proyecto más "extravagante" en el que trabajamos. **Siendo el diseño gráfico una disciplina de naturaleza sedentaria ¿qué recursos utiliza para acercarse al espíritu del deporte?** La principal diferencia es el movimiento. Los deportes son actividades de movimiento, y el diseño gráfico de hoy exige que nos quedemos sentados tras un escritorio todo el día. Entonces, para transmitir movimiento utilizamos humo y gotas de tinta. **¿Podría mencionar una bandera cuyo diseño le parezca destacable por alguna razón?** Bien, la bandera pirata es la bandera más reconocida que se ha diseñado. Puede ser que no conozcas las banderas de algunos países, pero las banderas piratas son gráficamente prominentes y casi icónicas. Puede tener miles de variaciones y seguir siendo relevante. Eso es un ejemplo de diseño gráfico utilizado, aunque sea por piratas. **¿Qué evento deportivo elegiría para trabajar en el diseño de las piezas gráficas?** Nos gustan los desafíos y si aparece una oportunidad, nos gustaría trabajar con la disciplina deportiva que se nos presente. Nos encantaría crear soluciones interesantes más allá del tipo de disciplina específica que se presente.

Fundada por Phil Knight en el año 1968, Nike recibió ese nombre recién en 1971, junto con la creación de su logo – llamado "swoosh" -. Inspirado en la mitología griega, Knight nombró a su compañía de la misma manera que la Diosa de la Victoria – Niké – quien era conocida por su capacidad para volar y correr a gran velocidad. El logo "swoosh" fue diseñado originalmente por – en aquel entonces – la estudiante de diseño gráfico Carolyn Davidson, quien se basó en las alas de Niké para crear la pieza que, con el tiempo, se convirtió en sinónimo de la compañía.

Rebautizada por Adolf – "Adi" – Dassler en 1949, tras disolver la sociedad que mantenía con su hermano en la empresa Gebrüder Dassler Schuhfabrik, Adidas hizo de las tres barras, la base fundamental de su logo-tipo. En 1972 el logo trefoil – cuya forma está inspirada en un trébol y representa la herencia e historia de Adidas - fue incorporado como imagen corporativa hasta 1996. A partir de ese año, se empezó a usar sólo en productos clásicos y fue reemplazado por el logo de las tres barras, rediseñado por Peter Moore, director creativo de Adidas por ese entonces.

Cuando los hermanos Dassler disolvieron la empresa Gebrüder Dassler Schuhfabrik, Rudolf Dassler fundó PUMA AG Rudolf Dassler Sport (PUMA), en 1948. Su logo actual, creado en 1968, representa la figura de un puma, un felino salvaje que se caracteriza por su velocidad, fuerza y agilidad. En un principio el logo tenía ojos y nariz, que fueron eliminados en 1979, logrando una silueta más aerodinámica y minimalista. Desde el año 2007, una parte de Puma pertenece al grupo francés PPR.

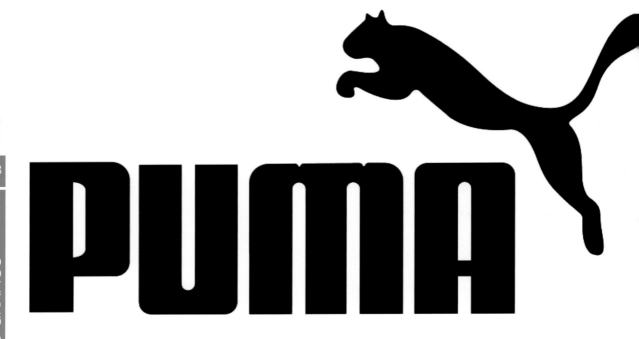

Cuando los Pittsburgh Penguins – un equipo de la Liga Nacional de Hockey sobre hielo de Estados Unidos – cambiaron de dueño, decidieron renovar también su look. Por eso, encargaron a Kelly Hume Design, Inc., el desarrollo de un nuevo logo. El resultado está a la vista. Un pingüino temible, que atrae tanto a los niños como a los adultos.

THE TOTAL SPORTS NETWORK

Fundada por la familia Rasmussen, la empresa ESPN ha logrado sintetizar en su logo - formado por las iniciales de las palabras Entertainment and Sports Programming Network – su razón de ser. Simple de reconocer visualmente por su tipografía, pero también por la presencia casi absoluta del color rojo, el logo de ESPN - por tratarse de una sigla - facilita, además, su recordación.

ESPN

Anaheim Angels / De Kelly Hume Design Inc. / 2003

Teniendo en cuenta que el equipo de béisbol profesional estadounidense Angels necesitaba un nuevo logo para sus uniformes y merchandising, Kelly Hume desarrolló una pieza que logra captar el espíritu del equipo. Algunos de los aspectos de la tradicional tipografía "Blackletter" – gótica – utilizada, remiten a documentos religiosos creados por monjes, pero también a las camperas de cuero de los Hell's Angels - Ángeles del infierno -, una mítica banda de motociclistas.

Anaheim Angels, de Kelly Hume Design, Inc.

Junto a los jugadores de la Selección Argentina de Quad Rugby, NNSS Universos desarrolló el concepto, el logotipo y su marca. Tomando como referencia el puma que utiliza el seleccionado de rugby argentino como símbolo, buscaron un animal – el yaguar - que representara el mismo espíritu y sea autóctono de Argentina. El logo busca una síntesis entre el animal y la silla de ruedas, ya que, para ellos, éste era un elemento fundamental a comunicar.

Con una imagen clásica y sobria realizada por Concussion, el equipo de fútbol americano TCU Horned Frogs festejó el septuagésimo aniversario del campeonato nacional que esa institución obtuvo en 1938. Motivos para celebrarlo no faltaron, ya que ese mismo año, además de consagrarse campeón, TCU no perdió ningún partido.

Wranglers / Kelly Hume / Kelly Hume Design, Inc. / 2006

Aunque parezca extraño, en Amarillo - Texas, Estados Unidos -, algunos cowboys vienen montando patines de hielo. Se trata de los Amarillo Wranglers, un equipo semi profesional de hockey sobre hielo de Texas. Ellos encargaron a Kelly Hume Design, Inc. el desarrollo de su logo, que combina el color negro con el rojo, mientras la imagen muestra el carácter enérgico de estos vaqueros.

Wranglers, Kelly Hume Design, Inc.

A veces es difícil encontrar el límite entre un diseño y una obra de arte. Es probable, incluso, que esa frontera de hecho no exista y estemos en presencia, como en este caso, de una verdadera pieza de arte. Inspirado en diseños tradicionales del oeste de África, como los textiles Kente, Charis Tsevis realizó una ilustración de estilo mosaico protagonizada por el futbolista camerunés Alexandre Song. ¿Lograron encontrar el límite entre el diseño y la obra de arte?

Alex Song, de Charis Tsevis

Cuando la Selección Argentina de Quad Rugby se preparaba para disputar el primer Para Panamerica
de Quad Rugby - certamen clasificatorio para el Mundial del 2010 en Canadá – realizado en Buenos Aire
invitaron a NNSS Universos a que participara del diseño del isologotipo. En este nuevo deporte Paralímpic
el Seleccionado Argentino ya sumó dos medallas de bronce - detrás de los favoritos Canadá y EEUU –
presentaciones internacionales.

36

SPORT DESIGN   DISEÑO GRÁFICO

1º PARAPANAMERICANO - QUAD RUGBY
BUENOS AIRES

Con una estética urbana, que tiene la capacidad de sacar al deporte de las pistas y estadios y acercar la indumentaria deportiva a cualquier persona que desee vestirla, el estudio Stubborn Sideburn desarrolló para Adidas Original el diseño de una remera. Se trata de una gráfica que apela al arte callejero, en la que resaltan los tonos ocres y las barras emblemáticas de la marca.

"Cuanta mas altura tiene el jugador, más acolchonado debe ser su calzado". El fundamento científico de esta afirmación, junto con la descripción detallada de cada uno de los elementos que componen el diseño del modelo "Nike Force 1", argumentan en este manual, porqué se trata del mejor calzado para el jugador profesional de basketball. Así, Nike innovó y revolucionó el mercado del calzado deportivo, y se convirtió en líder del segmento.

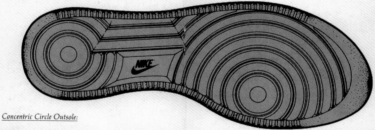

The Advantages of "Air":

Studies show that the larger the player, the more cushioning is needed since the increase in force generated against the bottom of the foot during play exceeds the increase in the sole area that is absorbing the impact. Scientists have shown that the Air-Sole® provides up to 30% more cushioning than conventional basketball shoes.

In addition to providing superior cushioning, the flow of gas throughout the Air-Sole® unit during foot contact creates a conforming foot bed, providing stability for side-to-side maneuvers.

Moreover, studies show the Air Force I to be 20% more resilient than conventional basketball shoes. A "resilient" material is one which returns energy that is put into it. The resiliency of the Air-Sole,® with its return of energy to the player, reduces fatigue and makes possible those important fourth quarter rallies. And, unlike conventional midsoles, the Air-Sole® will not lose its cushioning, resiliency or stabilizing capability with use. The Air-Sole® contained in the Air

Force I is with you every step of the way.

Strap yourself in and take to the sky. The Air Force I...it's earned its wings.

FEATURES

Concentric Circle Outsole:

The concentric circle outsole pattern is designed for two purposes: To provide optimal traction during side-to-side and front-to-back maneuvers, and to provide minimal resistance to pivoting movements that apply large and potentially injurious pressures to the ankle, knee and hip joint.

In tests done in the NIKE Sports Research Laboratory, the Air Force I was compared with conventional European shell outsole patterns. Results show that while having similar resistance to side-to-side and front-to-back movements, the NIKE concentric circle outsole demonstrated a lower maximum torque, or lower resistance to twisting movements. This study indicates that while performing as well, the concentric circle design may be safer than conventional outsole patterns.

Concentric Circle Outsole:

Traction Characteristics

- Air Basketball Concentric Outsole
- Conventional Outsole
- Conventional Outsole

Resistance to Translation

1.00   1.10   1.20   1.30
Static Coefficient of Friction

Resistance to Rotation

70   80   90   100   110   120   N•m
Maximum Torque – 180 Degree Turn

Spenco® Rearfoot Padding: Provides heel security, blister protection and cushioning for the Achilles tendon.

PermaFoam Sockliner: Molds to the pressure pattern of the foot for a unique, personalized fit.

Dipped Achilles Pad: Prevents Achilles tendon irritation during normal foot flexion.

Proprioceptus Belt: Exerts slight pressure to the base of the tibia and fibula (the two bones between the knee and ankle). This pressure allows the body's sensory receptors to monitor ankle joint positioning and thus decrease the chance of ankle injuries.

Hinged Eyelet: Allows ankle mobility without sacrificing stability.

Variable Width Lacing System:™ Allows you to vary the upper width by staggering the eyelets while also providing a snug, comfortable fit.

Full Grain Leather Upper:

Nylon Mesh Arch Side Panels: Help to keep in-shoe temperatures to a cool minimum.

DISEÑO GRÁFICO

SPORT DESIGN

Caglar Sasmaz – el diseñador de estas piezas – caminaba por una playa con sus zapatillas, cuando las suelas de éstas entraron en contacto con el agua del mar. Ese instante fue inspirador. Él describió la experiencia como la transformación de su calzado en moléculas de agua, y esa sensación, como la excusa perfecta para ir a su casa y diseñar los logos de Nike y Adidas, debajo del agua.

Intentando consolidar a ESPN como líder en las transmisiones deportivas, cuando el programa Monday Night Football dejó de ser televisado por la cadena ABC, para empezar a ser transmitido por ESPN, se buscó lograr una imagen mejorada y cinemática. Monday Night Football transmite cada lunes un partido en vivo de la National Football League - Liga Nacional de Fútbol Americano – y el diseño del programa, realizado por Matt&Kurt, consiste en centenares de elementos gráficos, incluyendo el diseño del tablero de puntuación.

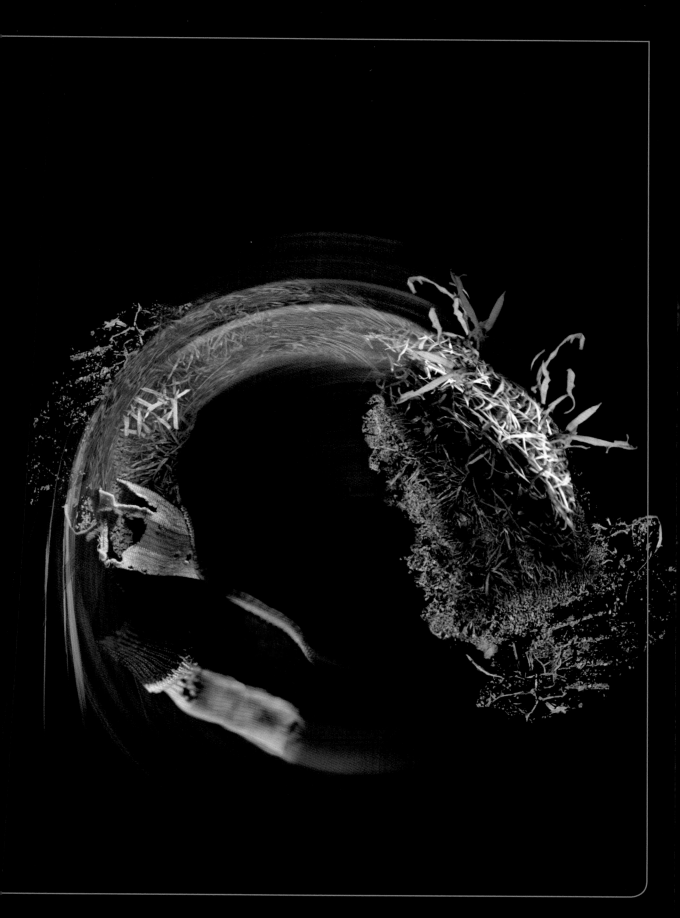

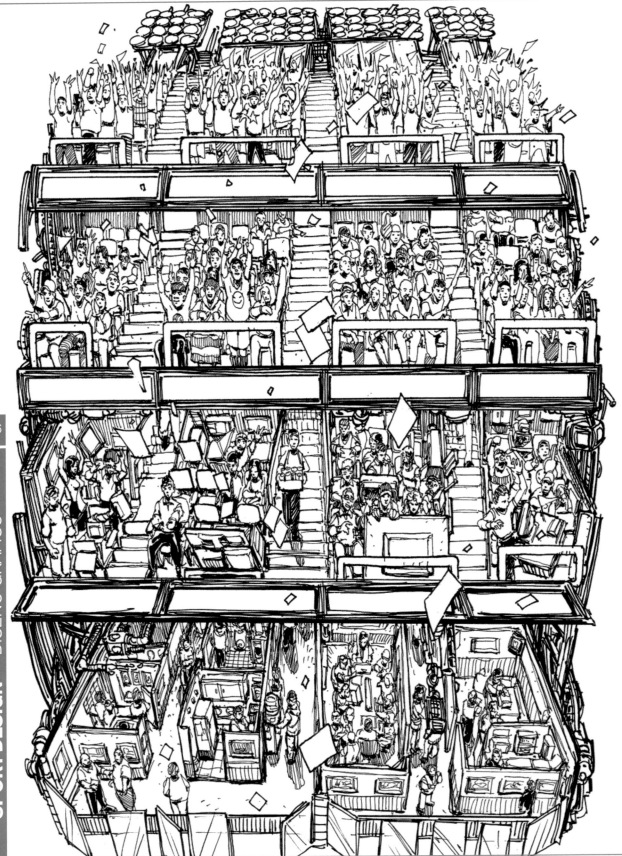

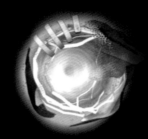

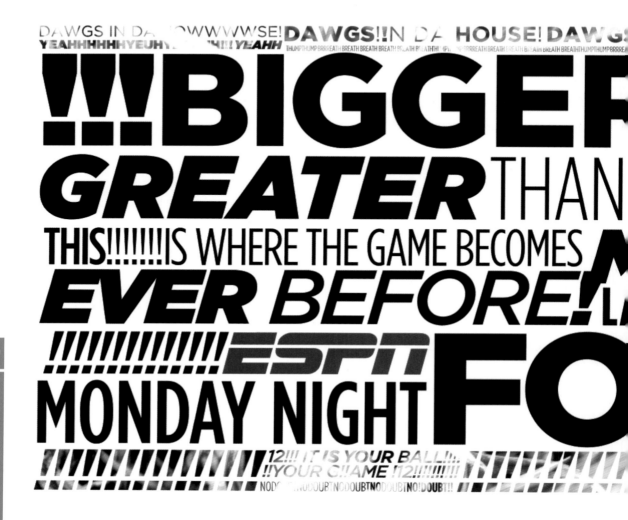

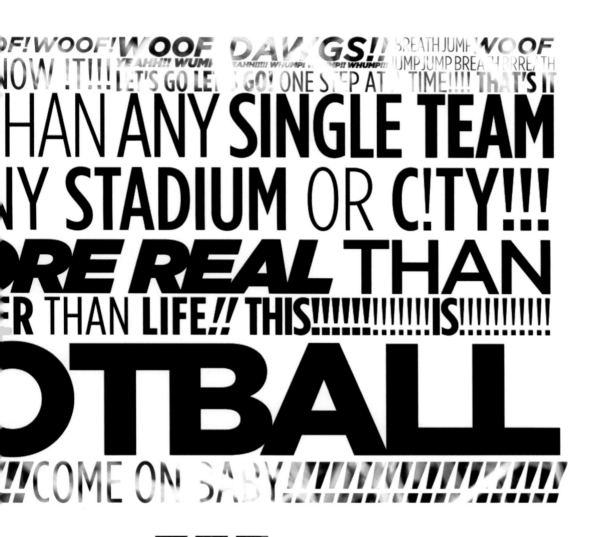

OF! WOOF! **WOOF** DAWGS!! BREATH JUMP WOOF
NOW!T!!!! LET'S GO LET'S GO! ONE STEP AT A TIME!!!! *THAT'S IT*
YE AHH!! WUMP! EAHHIIII WHUMP! HMP!! *WHUMP!* JUMP JUMP BREATH BRREATH

HAN ANY **SINGLE TEAM**

NY STADIUM OR C!TY!!!

RE REAL THAN

ER THAN **LIFE!!** **THIS!!!!!!!!!!!!!!!!IS!!!!!!!!!!!!!!**

OTBALL

!!COME ON BABY!!!!!!!!!!!!!!!!!!!!!!!!!

!!!

THUMPPPTHUMP THUMP BRREATH BREATH HRNGH! HRNGH!! *EAAAAHHHHHHHHHHHHHHHHHHHHHHHHH!!!* ! **YURGAMETIME!** SEE IT! **VISUALIZE!!!!!!!**
MONDAY *AAHHHHHHHHHHHHHHHHHHHHHHHH!!!!* ! !!!!!!!!!!!!!!!!**I'M THROWIN'.** THUMP
IGHT BREATH **VISUALIZE** THE GAME BREATH BREATH SEE IT SEE IT! **VISUALIZE!!** FOCUS FOCUS SSSSCRRRRRRRRRRRRRRREEEEEEEEEEEEEAA
[NFL] HRNGH! **WE'RE READY, ARE YOU?** THUMPTHUMP BRRREATH BREATH BREA SSSSSSSSCRRRRRRRRRRRRRRREEEEEEEEEEEAAAAAAA
OOTBALL THUMP *WHOOOO HHHHHHOOOOOAAHHHHHHAHAOOOOOAOAOOAAA!! !!* THUMPTHUMP BRRREATH BRREATH *WHO*
GAMETIME! THUMPTHUMP THUMP THUMP BREATH BREATH *WHOOOOOOAHHHOHHOOOOOAAAHHHHHHOOOOOOOOOOAAAHHHH*

Con un personaje inventado - Herr Fritz Träumer – diseñador de zapatillas tan originales como delirantes, Adidas, en colaboración con Lifelounge, publicó un libro de edición limitada - que sólo se consigue en locales de zapatillas de Australia y Nueva Zelanda -, con supuestos extractos de los cuadernos privados de Träumer. Entre ellos figura el diseño de las Luftsack, unas zapatillas que vienen con protección contra raspaduras y pisotones, y las Synth, que traen sintetizador y pasan música acorde a cada paso.

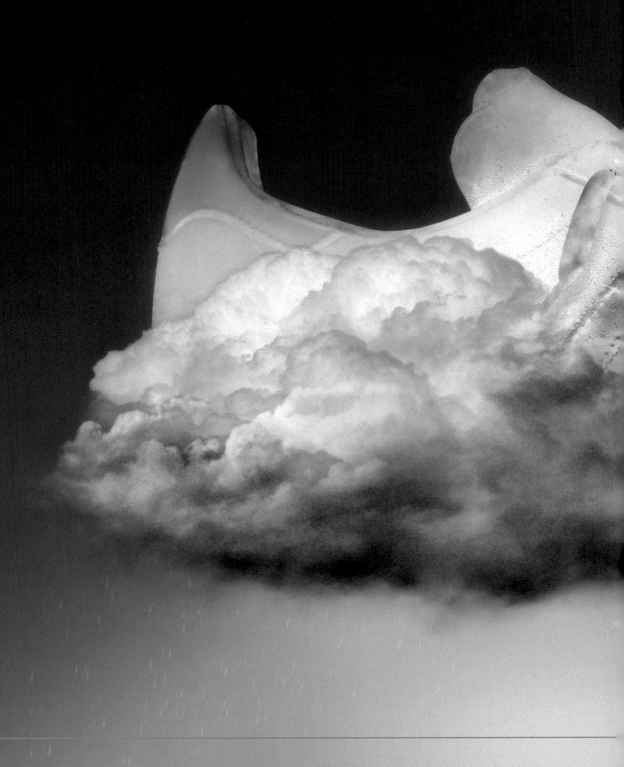

SPORT DESIGN DISEÑO GRÁFICO

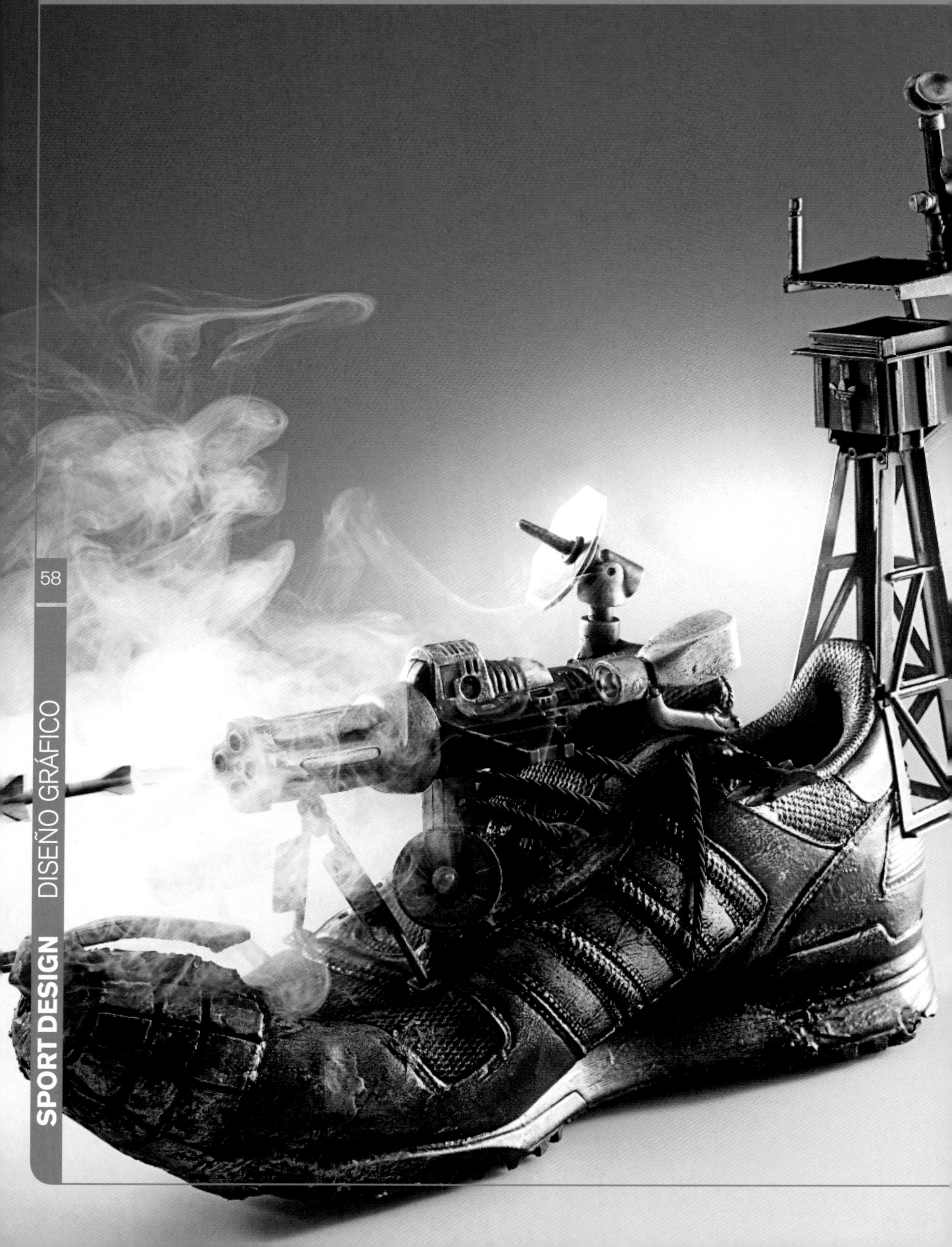

En el año 2000, el equipo de béisbol Chicago White Sox buscaba atraer ejecutivos que quisieran adquirir palcos suites corporativos en el estadio Comiskey Park – hoy llamado U.S. Cellular Field – para la temporada 2001. Tras ese objetivo, convocaron al diseñador Cavan Huang, para que, junto a la agencia Rompus Interactive Corp. diseñara un mini CD interactivo - con las mejores jugadas del equipo durante 2000 e imágenes del estadio y sus palcos – además del pack y folletería.

Apelando a lo patriótico, Concussion desarrolló la campaña 2009 del torneo Bell Helicopter Armed Forces Bowl. Una estética nacionalista, que habla de un deporte bien estadounidense - como lo es el fútbol americano - y que, al parecer, a los norteamericanos les gustó. De hecho, en 2007, 2008 y 2009, se agotaron las entradas para presenciar el evento.

AMERI TRADI

12.31.09 | ARMEDFORC

FREED FIGHT

12.31.09 | ARMEDFORC

CAN.

ION.

BOWL.COM

OM.

RS.

BOWL.COM

Utilizando figuras geométricas como fondo, Charis Tsevis desarrolló esta ilustración inspirada en el universo del fútbol. El retrato neocubista del goleador español Fernando "El Niño" Torres, combina una importante cantidad de colores, entre los que se destaca el rojo de su atuendo, correspondiente a la indumentaria del Liverpool Football Club, equipo en el que El Niño se desempeña como delantero.

Fernando Torres, Charis Tsevis

Landon Donovan / Charis Tsevis / 2010

En esta ilustración experimental, tipo mosaico, realizada por Charis Tsevis, el protagonista indiscutible es el delantero de la Selección Estadounidense de Fútbol Masulino, Landon Donovan. Goleador de su equipo en la Copa del Mundo Sudáfrica 2010, no es casual que la imagen de Charis Tsevis esté basada en los diseños tradicionales de la tribu ndebele, de ese mismo país.

Landon Donovan, de Charis Tsevis, 2010

A modo de resumen de lo que fue la Copa del Mundo FIFA 2010, Adidas diseñó una completa infografía. Allí se incluyeron, no sólo datos estadísticos del Mundial de Fútbol de Sudáfrica – como el promedio de éxito en la ejecución de los tiros de penal -, sino también detalles divertidos que poco tienen que ver con el juego, como las diferencias entre la terminología inglesa y estadounidense, o los mejores peinados entre los jugadores auspiciados por Adidas.

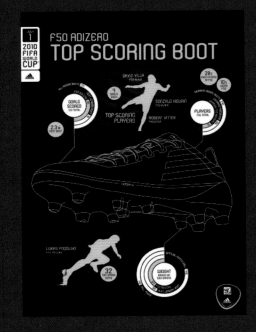

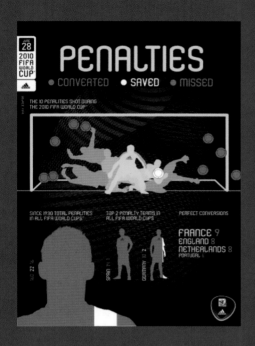

Cuando Nike lanzó al mercado AP9 - la línea de indumentaria urbana inspirada en el reconocido rugbier argentino Agustín Pichot -, encargó a Bridger Conway el desarrollo de un sitio web que contase la historia del capitán de la Selección de Rugby Argentina. Con un estilo avant-garde, que transmite el espíritu de la línea AP9 y la vida de Pichot, el sitio web permite que los usuarios se involucren en una experiencia interactiva única.

Para comunicar el lanzamiento del patrocinio de Nike a la Selección de México de Fútbol, la marca decidió celebrar el amor que los mexicanos sienten por este deporte. Usando imágenes en blanco y negro - tomadas a los jugadores por el fotógrafo Michael Faye - para expresar la cruda pasión por el fútbol, y el color verde que representa a México, Blok Design desarrolló tarjetas coleccionables que también sirvieron como postales. La caja de metal serigrafiada que completa la pieza fue enviada a los clientes junto con la camiseta, el producto estrella de la campaña.

Diseñado para informar a los consumidores acerca de los eventos y productos lanzados por la marca, el pasaporte Nike busca construir un programa de fidelización dirigido al consumidor. Es que esta libreta, lejos de ser un catálogo común y corriente, utiliza los colores y las formas para simular se un documento muy importante.

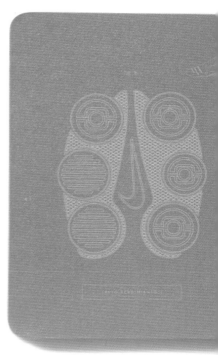

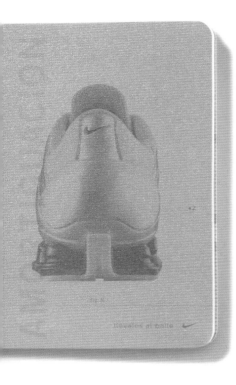

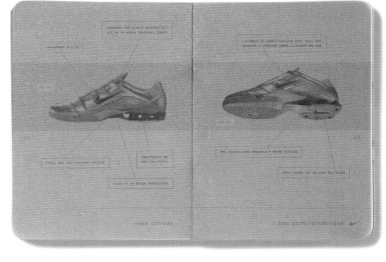

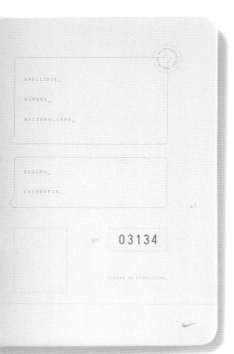

Peugeot Challenge 2003, Tomás Fliess, NNSS Universos

Buscando lograr impacto y atraer al público, NNSS Universos desarrolló una serie de afiches publicitarios para el torneo amateur de Golf Peugeot Challenge 2003. Mirando a este deporte desde otra óptica, con detalles, humor sutil y generando sorpresa, la agencia logró integrar a la marca Peugeot en el universo del golf.

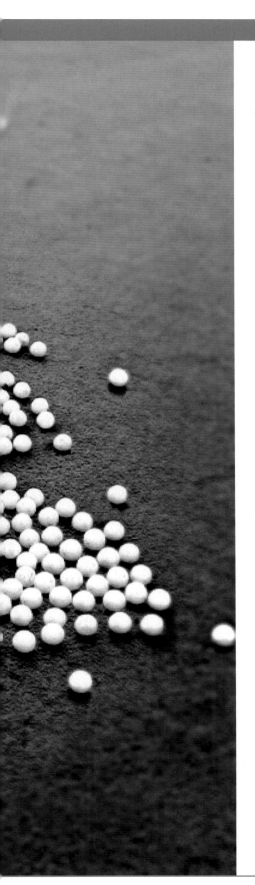

Usted
se está preparan...

Peug... ...llenge Cup Argentina 2...
(Sedes: Buenos ...
Misiones, Rosario, Tucum... ...l Plata, Córdoba, Men...
gorías clasificatorias: Caba... ...Bariloche.) ...C...
handicap. Damas: de 0 a 24 de hand... ...de 18 a 2...
clasificatorias: Caballeros: de 25 a 36 de ... ...rías...
de 25 a 36 de handicap. ...Requisitos para co...
jugador aficionado con handicap. Mayor de 21 años al...
01/01/2003. Residir en la República Argentina.
CLASIFICACIÓN: Clasifican Argentina.
Peugeot Challenge Cup aquellos jugadores que obtengan el pri...
mer y segundo puesto en las sedes del pr...
mero puesto obtenido en las sedes del Gran Buenos Aires, y pri...
para la Final Internacional en París, Francia. Clasifica...
de las categorías Caballeros y Damas...

PEUGEOT

Convocados por la revista Rojo, diez de los estudios independientes más jóvenes y creativos de Barcelona - entre los que se encuentran Vasava, Inocuo, Área 3, Catalina Estrada, Bernat Lliteras y Toormix – participaron de Barcelona Nike exhibition. Una muestra que se llevó a cabo en la sala Vinçon, en el Paseo de Gracia, y en la que se podían observar distintas interpretaciones de productos originales de los años '70 a través de innovadores trabajos de arte contemporáneo, inspirados en puntos emblemáticos de Barcelona.

Roger Communications, una de las más importantes compañías de comunicaciones de Canadá, lanzó en 2002 un canal deportivo, llamado Roger's Sportsnet. La agencia interactiva ColorShadow creó un sitio web para su departamento de publicidad y ventas, y en él, Cavan Huang desarrolló un mapa de color interactivo, en el que los anunciantes podían identificar, inmediatamente, las regiones en las que querían publicitar.

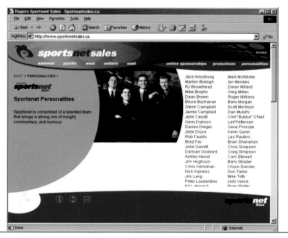

A través de esta animación, uno puede sentir que se está calzando los patines Reebok 9K y está por salir a la pista de hielo a demostrar su poderío. Para lograr este efecto visual que sorprende, Bk Design diseñó una imagen en alta resolución y una animación en alta definición, que le aporta movimiento y energía a la pieza.

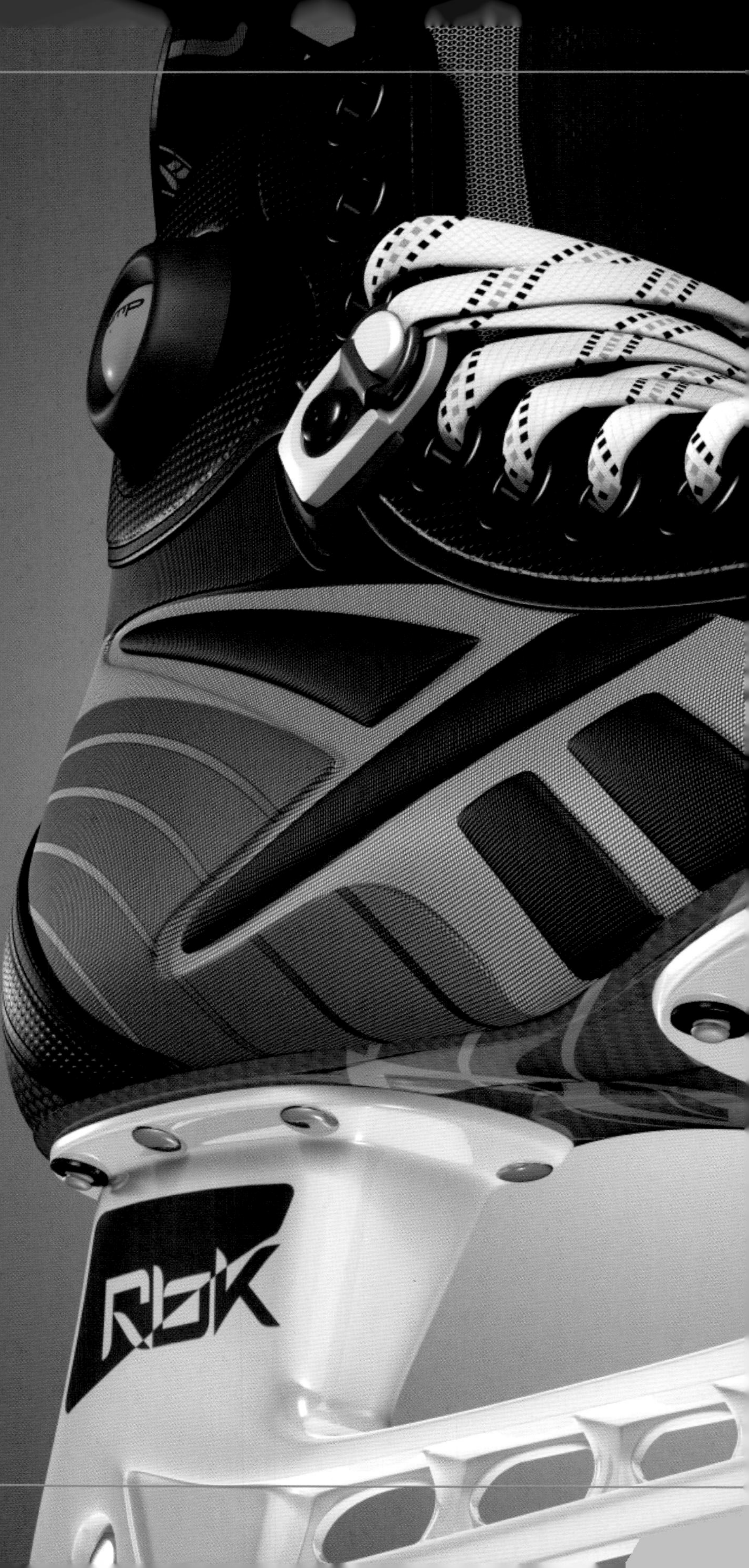
RbK

A través de esta imagen desarrollada por Bk Design, lo que le queda claro a quien la observa, es que los patines Reebok 11K sobresalen en el hielo. La pieza es parte de un video integrado a un sitio web, que postula al modelo 11K como el rey de la pista. Por eso, la imagen del patín está en escala gigante, y el humo – que simula ser nubes - y la luz – que parece ser el sol – refuerzan esa idea de inmensidad.

Capturando el estilo de vida tecno, activo y espontáneo, propio de la cultura joven urbana, Nike Presto busca expresar movimiento, creatividad, vibración y música, a través de "Instant Remix". Un remixer online en el que los usuarios pueden crear su propio VJ mix. Junto a Wieden + Kennedy Tokio, Hello Design diseñó parte de una campaña integrada para Asia y el Pacífico. El sitio web tiene un lenguaje visual dinámico, desarrollado por Motion Theory, y ofrece una experiencia de marca que abraza la idea de "instant go" de Presto.

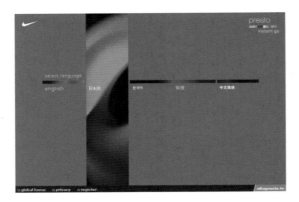
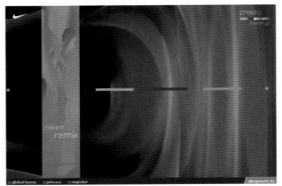

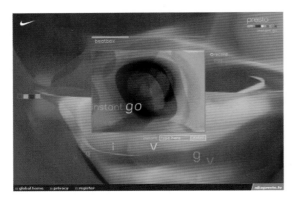
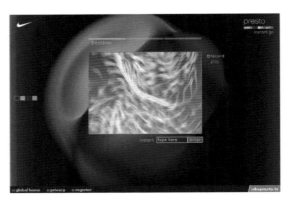

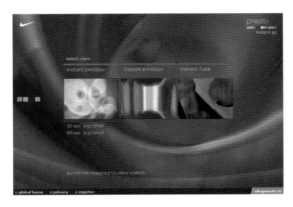
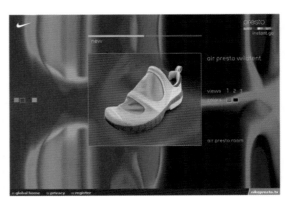

Con el objetivo de aumentar el número de lectores y modernizar la revista Running Times, dedicada al merca- do de los corredores, su propietaria – la firma Rodale Publishers – contrató a Moxie Sozo para que realizara su rediseño y reposicionamiento. El estudio se ocupó de la puesta a punto de todos los aspectos de la revista, desde los layouts hasta los encabezados, logrando el crecimiento de Running Times y mejorando la percep- ción de la marca entre los consumidores. En la actualidad, Moxie Sozo continúa diseñando y produciendo Running Times.

Inspirado en el skateboarding – un deporte callejero que se puede practicar en cualquier superficie que permita rodar - Pawel Piotr Przybyl desarrolló para Fenix Athletico Company – su propia marca de indumentaria - y Miniramp Skateshop, series de gráficos para skate como "Luchador-Manbearpig" y "Picture from the past".

Es indudable que al hacer su aparición en distintos ámbitos, las nuevas tecnologías terminan facilitando las cosas. Esta afirmación, un tanto obvia, debió haber inspirado a Reebok cuando encargó a BK Design que diseñara la línea completa de palos de hockey 2008 en 3D. A diferencia de la fotografía tradicional, este método permitió que las imágenes de los palos fueran utilizadas tanto para piezas gráficas, como para una variedad de animaciones web.

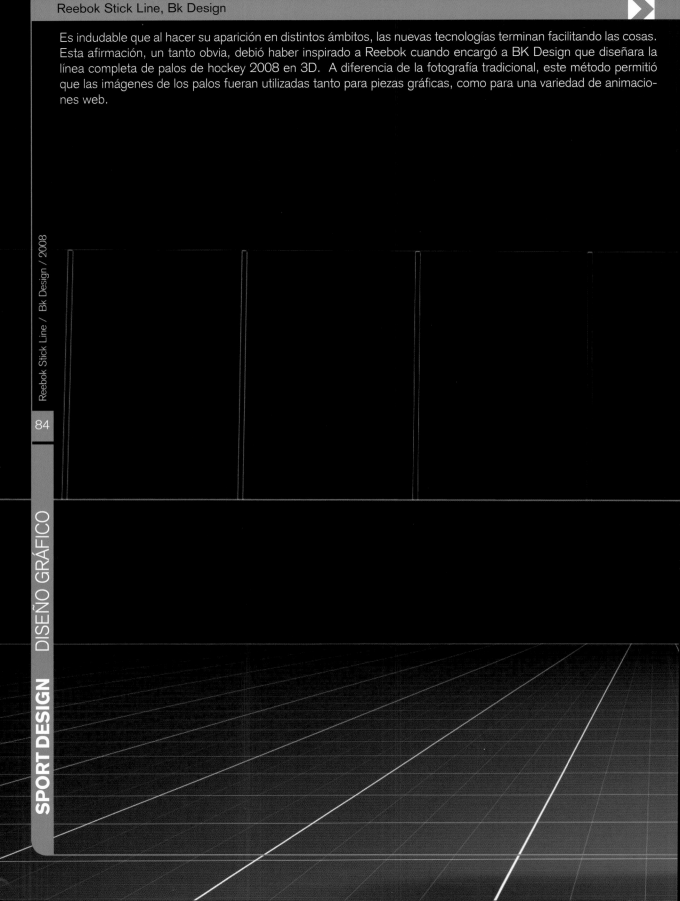

DISEÑO GRÁFICO

SPORT DESIGN

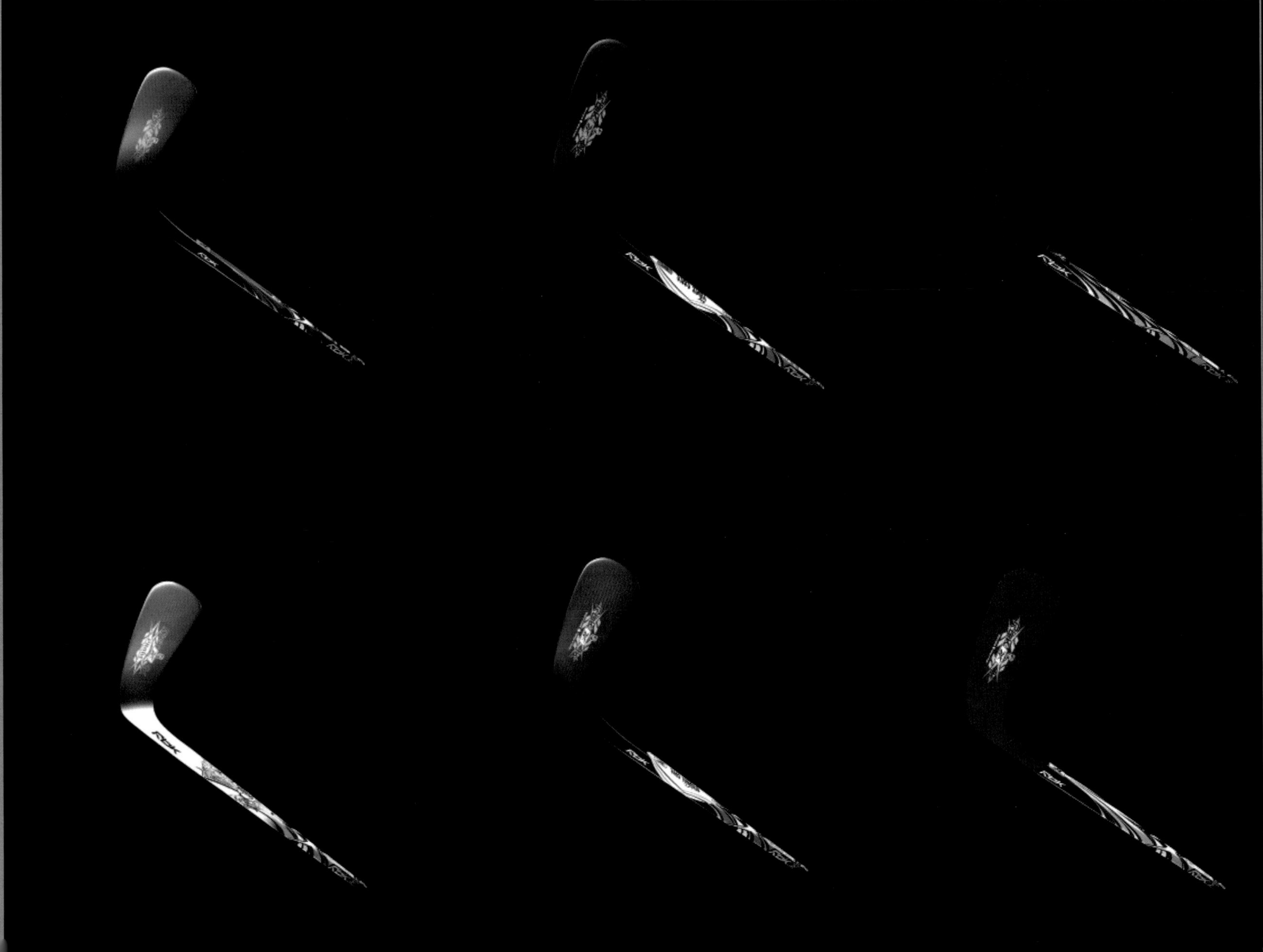

Our people
and process
01

Our work
02

A world-class
communications
network
03

Debido a que Wrigley apunta a un público joven, ese espíritu no podía estar ausente en el folleto Business to Business que desarrolló Mark Richardson para la marca. Para lograrlo, se utilizaron fotografías dinámicas que luego se conectaron con Wrigley, mediante el lenguaje gráfico, además del estilo del packaging de los productos clave de la marca.

Wrigley Brochure, Mark Richardson ,Superfried

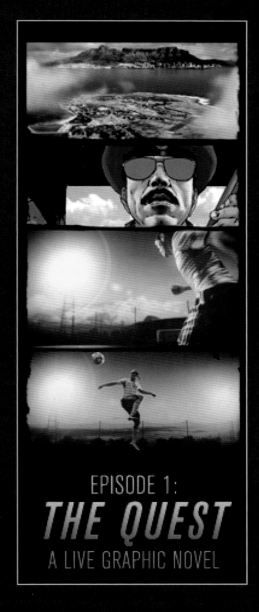

EPISODE 2:
THE QUEST
A LIVE GRAPHIC NOVEL

EPISODE 1:
THE QUEST
A LIVE GRAPHIC NOVEL

Con mucha originalidad, Adidas desarrolló para la Copa del Mundo 2010 "The Quest", una novela gráfica en vivo. Se trató de una pieza digital que combinaba imágenes reales con animación e interactividad, en una experiencia que iba evolucionando de acuerdo al desarrollo del torneo. Cada capítulo contaba con un jugador clave, y el contenido permitía a los espectadores enterarse las novedades del mundial de Fútbol Sudáfrica 2010. En las historias se entrecruzaban personajes reales y ficticios con reconocidos jugadores de fútbol.

Novela gráfica en vivo "The Quest" - una saga interactiva de la Copa del Mundo -, Adidas

Trabajando en conjunto con el estudio 22 DG y para su cliente Topper, NNSS Universos desarrolló el concepto gráfico y diseño del sitio web de la marca de indumentaria deportiva que patrocina a varios deportistas argentinos. De una manera uniforme, la web integra todos los deportes con los que trabaja Topper, dentro del concepto general de la marca, y hace hincapié en los escenarios y las imágenes, a través de un alto impacto gráfico.

DISEÑO GRÁFICO

SPORT DESIGN

Web 2008 Topper / Nicolás Gloazzo / Andrés Humenczuk / Tomás Fliess / Nnss
Universos / 2008

91

Pensando en las cosas que les suelen suceder a los hombres durante los fines de semana en los que consumen deporte, el diseñador Pawel Piotr Przybyl desarrolló una promo para MTV Music Television. Tanto la idea, dirección y edición, así como el diseño y los gráficos fueron realizados por él. Para animar la pieza, la canción elegida no podía ser otra que "Eye of the tiger" – EMI Music -. Una especie de sonido emblema de la película Rocky III.

Haciendo hincapié en el mundo del fútbol y abarcando conceptualmente el ámbito deportivo y la competición, la agencia de diseño y comunicación John Appleman se encargó de desarrollar la imagen corporativa y algunos elementos de decoración interior para Football Stadium. Este trabajo, tenía por objeto elevar sus ventas de material deportivo para profesionales del fútbol, pero también, la de productos de merchandising y ropa deportiva para usuarios no profesionales interesados en el universo del deporte.

SPORT DESIGN   DISEÑO GRÁFICO

"Corré", "Volá", "Saltá" y alcanzá tu meta. Esta campaña publicitaria, diseñada por una iniciativa propia de UFHO, parece reafirmar la actitud "Just do it" - "Simplemente hazlo" – de la firma Nike. La tinta utilizada en estas piezas, busca capturar el movimiento y el llamado a la acción que encierra cada uno de los títulos. Los modelos fueron realizados ilustrando fotografías con agregados de imágenes de humo y fluidos.

Sin hacer foco en las celebridades deportivas y rescatando lo importante del deporte, como la energía y el espíritu de lucha, UFHO desarrolló la campaña Spirit. Tomando como ejemplo tres deportes – el básquet, el fútbol y el tenis – las piezas estimulan lo visual, a través del impacto que producen los colores sobre el fondo negro.

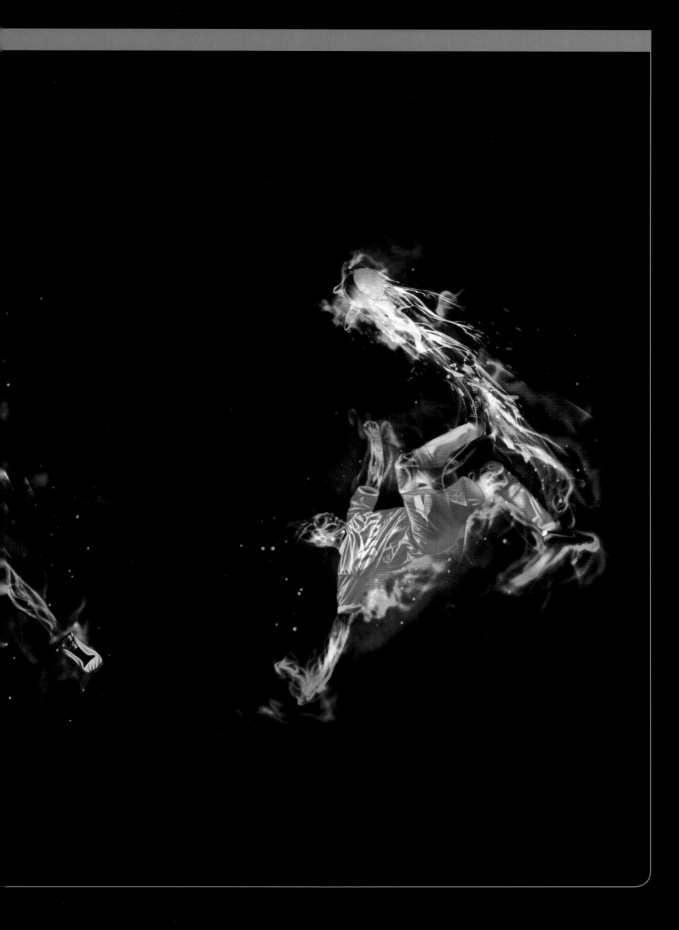

Seleccionado por USA Track and Field – un organismo del gobierno de Estados Unidos dedicado a la difusión de carreras deportivas de ese país – para promocionar el Campeonato de Cross Country de Estados Unidos, Moxie Sozo desarrolló la identidad, piezas de apoyo y una vibrante campaña publicitaria para atraer más público. Finalmente, el día de la carrera, el número de asistentes dobló el récord de público anterior y el torneo fue considerado el mejor campeonato de Cross Country de Estados Unidos de la historia.

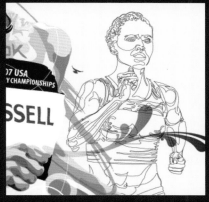

DISEÑO INDUSTRIAL

Podría decirse que el deporte se encuentra presente en casi todos los pueblos de la humanidad. Y esta afirmación se basa en el hallazgo de diversos utensilios y estructuras ingeniados por nuestros antepasados, con los que se practicaban actividades similares a las que, en la actualidad, conocemos como deportes. No obstante, estas prácticas fueron evolucionando y, junto con ellas, los adminículos y accesorios para poder llevarlas a cabo. De hecho, cuando a fines del siglo XIX los obreros y empleados de los transportes desplegaban sus prácticas en los puertos o en las zonas a las que llegaba el ferrocarril, no parecía necesario portar botines con tecnología aplicada, ni atuendos que controlasen de manera adecuada la transpiración. Sin embargo, las necesidades culturales más recientes en el ámbito deportivo, permitieron el desarrollo del diseño industrial aplicado al universo del deporte. Y a través de él, el surgimiento de una gama de productos de lo más variados que abarcan tanto la satisfacción de las necesidades del deportista, como las del deporte en sí mismo y, en algunos casos, hasta las del medio ambiente también. Desde atuendos livianos que facilitan la respiración, hasta relojes ultra cómodos que no interfieren ni un poco en la práctica deportiva, todos los productos vinculados al universo del deporte parecen estar orientados a minimizar el margen de error de las estrellas del deporte y a transformar a los aficionados en deportistas profesionales. En las próximas páginas es posible observar hasta dónde son capaces de llegar las marcas, mediante el diseño industrial, en pos de la obtención de resultados y la consagración deportiva.

NENDO

¿Podría mencionar un objeto o accesorio deportivo que considere destacable por su diseño? Las zapatillas Nike. Por ejemplo, las "free5.0" y las "woven". **¿Y un objeto o accesorio deportivo que le gustaría desarrollar?** Los barcos a remo y los remos, porque solía practicar ese deporte en el colegio. **¿Hay algún objeto ligado al deporte que conserve desde hace años por la razón que sea?** Tengo muchas zapatillas en casa. **¿Qué implicancias tiene trabajar para marcas muy posicionadas como Puma?** Algunas condiciones pueden ser diferentes, pero siempre nos tomamos el diseño de la misma manera. **¿Qué es para usted el minimalismo bien entendido?** Las perchas de alambre. **¿Cuál es el deporte mejor diseñado?** El fútbol. Fácil de entender y de participar. **¿Podría describir un trabajo del ámbito del deporte por el que esté particularmente orgulloso?** Diseñamos una pared de escalada en Tokio. (Consulte nuestro proyecto llamado ILLOIHA OMOTESANDO) **¿Es fanático de algún equipo o deportista para el que le gustaría desarrollar una pieza?** Me gusta mirar partidos de baseball.

Elegantes, sofisticadas y modernas, con estos tres adjetivos se podrían definir las Hyperdunk. Estas zapatillas de básquet diseñadas por Nike son, además, unas de las más livianas e innovadoras que existen en el mercado. Tal vez ése fue motivo por el cual estrellas de básquet como Kobe Bryant y otros miembros del seleccionado estadounidense, las eligieron para utilizarlas en los Juegos Olímpicos de Beijing, en el año 2008.

El objetivo principal de este proyecto se basó en el deporte como estilo de vida. La disciplina del orden, es importante en los momentos de descanso y traslado. Para esto se pensó en el cuidado del calzado. La solución fue ensamblar desde la suela cada prenda de lado, una con otra, por rieles lineales que encajan como un rompecabezas y forman así una sola pieza. De este modo, se facilita el traslado cuando se viaja, y el guardado cuando no hay suficiente espacio.

...carry them.

...store them.

...hang them.

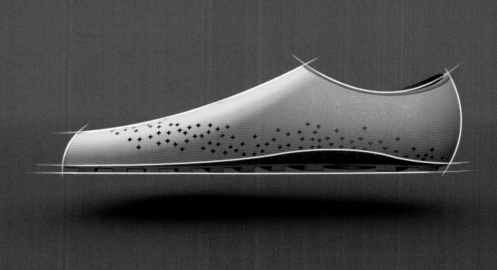

+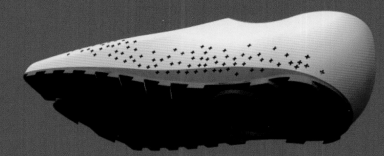

Attraction.

-

Debido a la gran cantidad de brasileños aficionados al ejercicio y a correr, New Level Design LTDA desarrolló para Fila Brasil una línea de calzado basado en la performance, confortable y resistente. Las Fila Running responden a las exigencias técnicas de este deporte, y al mismo tiempo, son atractivas estéticamente y se consiguen a un precio accesible.

PreCool Vest / Nike / 2008

Con una tecnología introducida en los Juegos Olímpicos de Atenas 2004, y rediseñado para las Olimpíadas de Beijing 2008 tras el objetivo de volverlo más liviano y sustentable; el chaleco PreCool de Nike ayuda a regular el calor corporal. Es que esta prenda tiene múltiples cavidades triangulares de distintos tamaños y en su interior hay agua congelada, para reducir la temperatura del cuerpo del atleta, antes y después de la competencia.

PreCool Vest, Nike

Con un nombre cuyo significado es "celebrar" en Bantu isiZulu - una de las once lenguas oficiales de la República de Sudáfrica -, Adidas desarrolló la pelota oficial del Mundial de Fútbol 2010, disputado en ese país. Tecnológicamente revolucionaria, por su sistema Grip'n'Groove" – Agarre y Surcos – que le permite tener un vuelo estable y un agarre perfecto, y por los ocho paneles esféricos 3D moldeados de manera redondeada, la JABULANI posee 11 colores que representan la diversidad étnica de Sudáfrica y la cantidad de jugadores de cada equipo.

JABULANI, Adidas

Con detalles de color que, además de las clásicas tiras, nos llevan a una asociación directa con la marca, las Adidas Silverstar son zapatillas que inicialmente fueron concebidas para la práctica de deportes de motor. Es por eso que su diseñador – Arsen Rock – pensó en una suela ergonómica, que acompaña el movimiento de los pies del piloto durante las carreras.

Seguramente en más de una oportunidad nos hemos preguntado cómo es que un diseño va cobrando forma. Y esta pieza de Arsen Rock parece contarnos su historia sin palabras, diciéndonos que las Airness R99 respetan los cánones del fútbol, y por eso son ligeras y resistentes. Enteramente fabricado en Italia, este calzado enarbola, sin embargo, los colores de Sudáfrica. Su empeine en cuero sintético ligero se adapta a la forma del pie y la suela interior, curvada en EVA, reduce la presión en los talones.

Integrando dos objetos en uno, Zanicdesign desarrolló un casco para bicicleta con luz integrada. Con dos lámparas - delantera y trasera – desmontables, y reflectores a cada lado para mayor seguridad, Cascuz propone, con su diseño, una nueva estética en cascos para bicicletas, proveyendo a los ciclistas urbanos protección y ventilación. Además, sus luces se encienden y apagan automáticamente, cuando el usuario se pone o quita el casco.

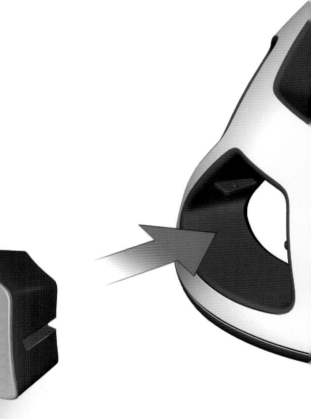

Indicator

Indicator

SPORT DESIGN   DISEÑO INDUSTRIAL

Solar cells
more surf

Front
light

directional
light

free   right

Bajo una estética muy urbana, en la que el color metalizado dorado es el protagonista indiscutible, el rediseño de las Nike Dunk High Premium 2008 incluye Zoom Air. Este detalle, promete unas zapatillas más confortables que su versión anterior, y bien podría ser una valiosa razón para salir corriendo a comprar unas Dunks.

Años atrás hubiera sido impensada una pelota de fútbol sin aire. Sin embargo, Agent – una empresa enfocada en crear soluciones innovadoras desde un abordaje multidisciplinario – desarrolló CTRUS. Un balón de fútbol sin aire y con su superficie traslúcida, lo cual le aporta una estética sofisticada y elegante.

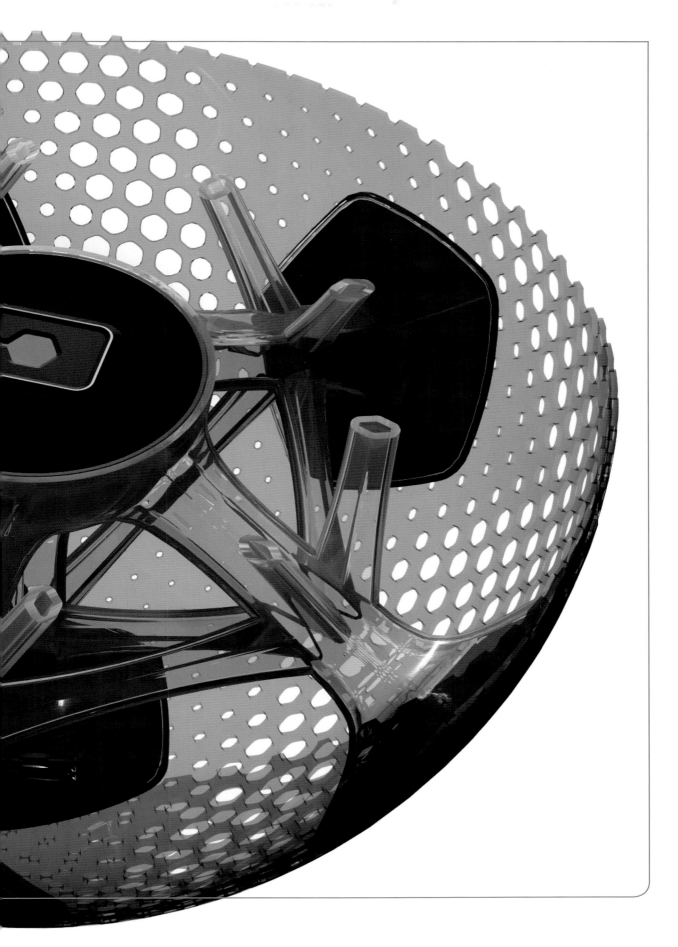

Con un llamativo color celeste cielo, que refuerza la idea de que muchos futbolistas son estrellas, los botines F50i fueron presentados por los delanteros Lionel Messi y Emmanuel Adebayor. Tecnología de vanguardia y un diseño original son características de los botines F50i, capaces de ayudar a estos jugadores a definir un partido con su brillo.

Qué mejor que Delineodesign – una empresa italiana - para captar el espíritu de ese país y transformarlo en la nueva colección de botines de fútbol Kinner. La legendaria marca de calzado deportivo "made in italy" fue usada por muchos jugadores de fútbol profesionales a fines de los años 90 - incluyendo a los italianos Pietro Vierchowod y Filippo Galli -, como también por clubes de rugby como Benetton rugby Treviso y A.S. Rugby Calvisano, del mismo país.

Fila Slingshot / Arsen Rock / Arsrock Design / 2004

Inspirado en las clásicas Hondas, Arsen Rock diseñó unas zapatillas en las que el protagonista parece ser el cordón. Ligeras por su construcción y la elección de los materiales utilizados en su confección, las Fila Slingshot fueron pensadas para la práctica de deportes acuáticos, especialmente durante los períodos estivales.

Fila Slingshot, Arsen Rock

Poniendo el foco en la performance, pero proponiendo, a su vez, un cambio en la cultura que rodea al básquet, Nike desarrollo el SOD – System of Dress –. Este sistema de vestido ofrece un look más sofisticado y
prolijo de los jugadores, y responde al deseo de los jóvenes de personalizar sus uniformes.

SOD, Nike

Diseñado por Charge Design, para una licitación de cascos para snowboarders participantes de los Juegos Olímpicos de Invierno de 2002 disputados en Salt Lake City, Utah, Estados Unidos, el AirRide tiene un aire futuresco. El diseño incluye un caparazón de fibra de carbón y un visor que se baja para proteger la visión. Los componentes internos incluyen una "goma espuma con memoria", que se amolda al usuario y tiene un calce perfecto alrededor de su cabeza, además de un transmisor interno que permite enviar a los atletas rápidos mensajes de voz.

Para celebrar el décimo aniversario de la creación de la línea Mercurial, Nike desarrolló las Nike´s Mercurial Vapor SL. Esta joya del diseño pesa sólo un poco más de 200 gramos y su principal innovación técnica es la inclusión de una fibra de carbono ultraliviana Speed Plate, la cual reduce el peso, al tiempo que provee máxima aceleración, fuerza y apoyo.

SPORT DESIGN   DISEÑO INDUSTRIAL

Elastime / Alberto Villarreal / Zanicdesign / 2004

WATCH IT!
DURING NORMAL TIME
AND ENJOY THE MOMENT

PULL I
DURING RUSH
AND RELAX

THE USER CAN PULL IT ON DEMAND
AND REGULATE HIS/HER STRESS

Podría decirse que el tiempo es elástico. Cuando esperamos algo, parece transcurrir lentamente. Pero si estamos apurados, corre muy rápido. Reflexionando sobre estas percepciones y contextualizado en el año 2154, Alberto Villareal desarrolló el reloj Elastime, para Timex. Un brazalete circular elástico, dividido en 24 segmentos, que representan las horas. Cuando éstas van pasando, los segmentos se van cubriendo de color, hasta completar todo el brazalete. Elastime recibió una mención de honor en el concurso internacional de disoné "TIMEX 2154 The future of Time".

Elastime, Alberto Villarreal, Zanicdesign

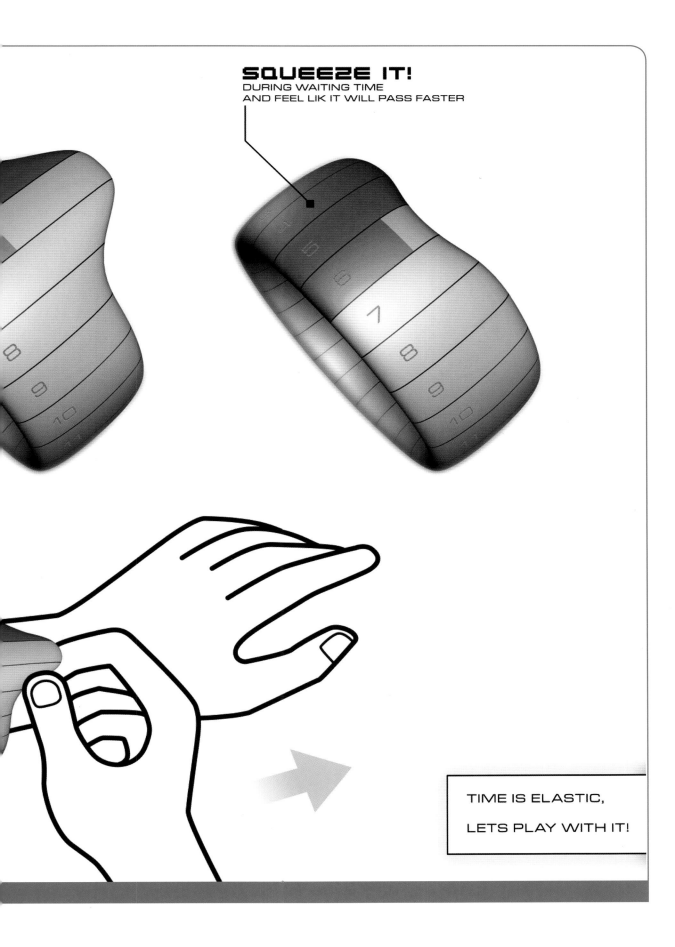

Invitados por la compañía Lululemon a diseñar equipos para instructores físicos de Brasil, personas que van a la playa y entusiastas del yoga, New Level Design LTDA se inspiró en los recursos de ese país para crear las piezas. Así, frutas nativas como el açaí o la guaraná fueron utilizadas como texturas en detalles de los bolsos. En cuanto a los trajes, la colección de performance es liviana, absorbe la humedad y destaca la silueta del usuario.

FRONT

FRONT

BACK

FRONT

BACK

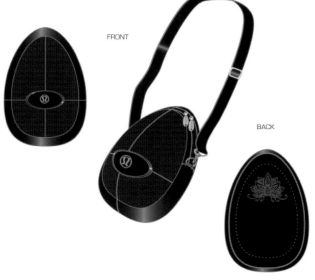

En conjunto con la estrella de básquet Steve Nash, jugador de los Phoenix Suns – NBA – y defensor del cuidado del medio ambiente, Nike desarrolló las Nike Trash Talk. Se trata de las primeras zapatillas de básquet realizadas con desechos industriales, las cuales se encuentran alineadas con una de las tendencias actuales del diseño, como lo es el desarrollo sustentable.

Respetando la estética gótica de la marca, así como su impronta urbana, Edgar Guillen desarrolló para Voit los botines de fútbol Lethal. Con un aire futurista, el calzado reúne sobriedad y sofisticación, a través del color negro elegido como base por el diseñador de YDEAZ, y detalles muy vistosos en dorado.

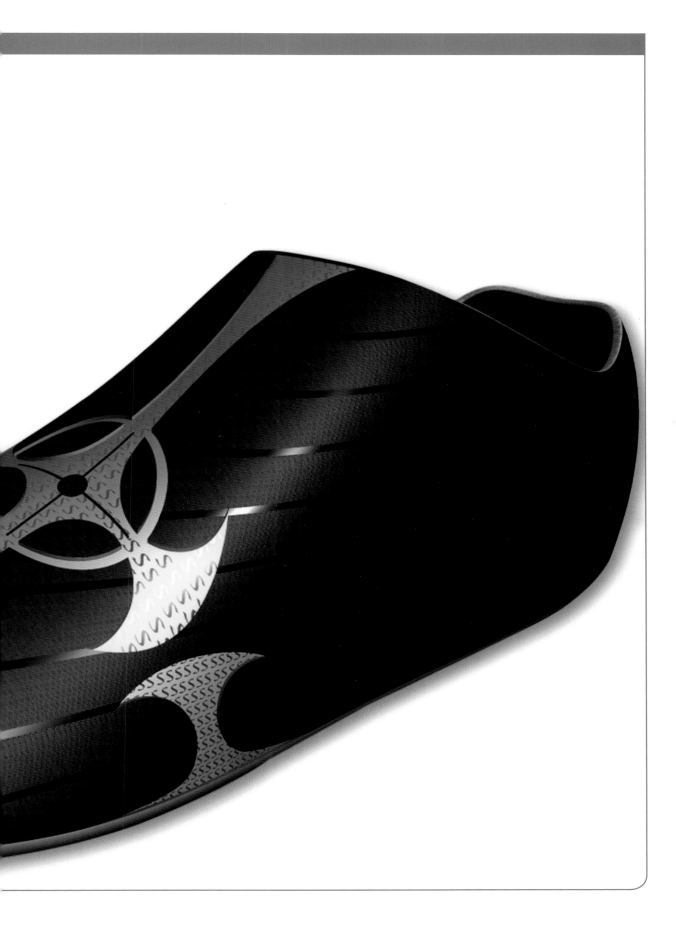

Con variedad de colores y un minimalismo sin igual, en el brazalete digital Presto de Nike es posible observar el valor agregado que el diseño es capaz de aportar a un producto. Realizado por Scott Wilson mientras trabajaba para Nike, el brazalete reúne atributos como la comodidad y la belleza, además de cumplir su función con exactitud.

Las LunaRacer son un claro ejemplo de cómo la tecnología puede ponerse al servicio del deporte. Es que el sistema Flywire le provee apoyo al pie, pero sin sumarle peso, y la espuma Lunarlite - otra innovación de Nike - distribuye la presión de manera balanceada para protegerlo del dolor y las lesiones. Con un diseño que sigue el movimiento natural del pie, Las LunaRacer son el punto más alto en la línea de zapatillas para carreras de larga distancia de Nike.

Inspirado en las canchas de básquet de Nueva York y en los atuendos que suelen usar quienes juegan allí, New Level Design LTDA desarrolló para Puma la colección "Cage". Una línea de indumentaria y calzado con impronta urbana, que contó con la colaboración de Ciano Farmer, de la marca de jeans y ropa urbana cstar.

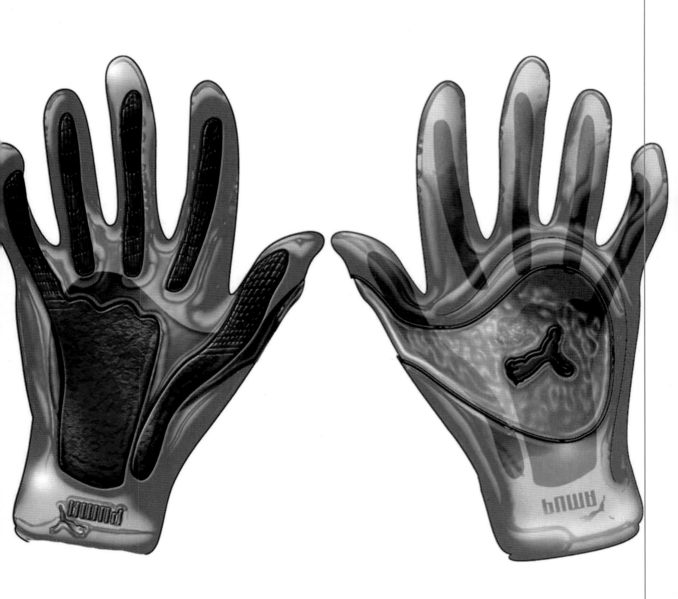

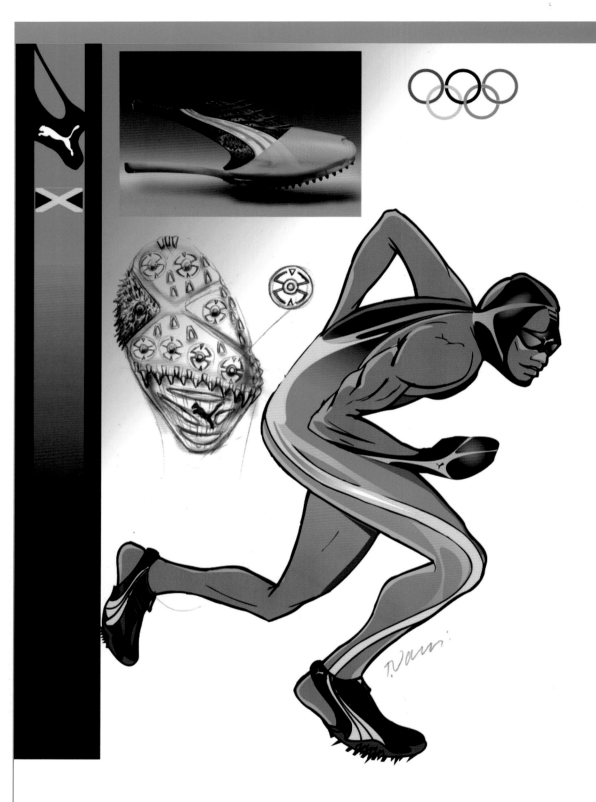

Bajo el concepto Olympic Track Spike - Clavos de Pista Olímpica -, New Level Design LTDA desarrolló trajes de relevos para Puma, tomando como inspiración a los corredores jamaiquinos. Los guantes y lentes de visión especiales completan este llamativo y sexy atuendo de nylon, liviano, que permite respirar y está inspirado en las antiguas togas.

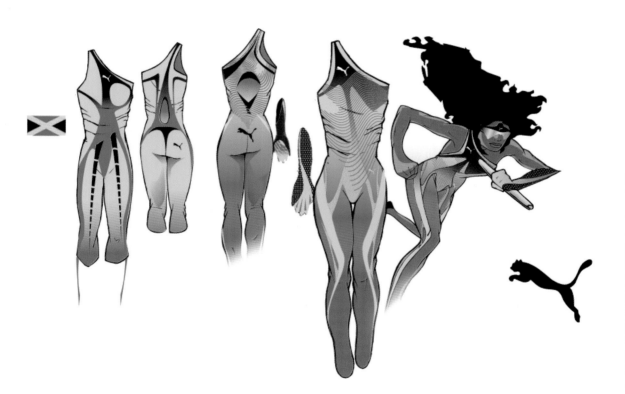

147

SPORT DESIGN DISEÑO INDUSTRIAL

Para celebrar el "Peace one day" - Paz un día -, establecido por la Organización de las Naciones Unidas (ONU) el 21 de septiembre, la marca de indumentaria deportiva Puma realizó una serie de pelotas de fútbol, en colaboración con jugadores de diferentes naciones. Los balones, diseñados por Nendo, simulaban ser globos terráqueos formados por distintos materiales, para reforzar un mensaje: la humanidad debe respetar las diferencias culturales e históricas para convivir unida.

Con colores llamativos y contrastantes entre sí, las Puma Nestor, estéticamente, resaltan su costado más Puma. Sin embargo, este calzado - diseñado por New Level Design LTDA – se destaca por su suela, que fue diseñada para reducir el impacto producido por el andar y le da estabilidad y flexibilidad al pie.

SPORT DESIGN   DISEÑO INDUSTRIAL

Podría decirse que las Nike Hyperdunk, con su aire futurista, son unas de las zapatillas de básquet más livianas y resistentes que Nike ha diseñado. Y teniendo en cuenta la importancia de ambos atributos para la práctica de éste deporte, cualquier jugador de básquet querría tener las Nike Hyperdunk en sus pies. Esta versión, presentada en abril de 2008, tiene los colores del equipo chino.

Tras el objetivo de crear un calzado liviano, para que utilizaran los deportistas auspiciados por Puma en los Juegos Olímpicos de Atenas en 2004, New Level Design LTDA desarrolló un calzado extremo, inspirado en las sandalias de cuero de la Antigua Grecia y Roma. Sin el área del talón, para reducir el peso de la zapatilla, y con tiras de silicona reforzadas sujetas a la base ergonómica con clavos, la idea de éste calzado es que los atletas tengan la sensación de estar corriendo descalzos.

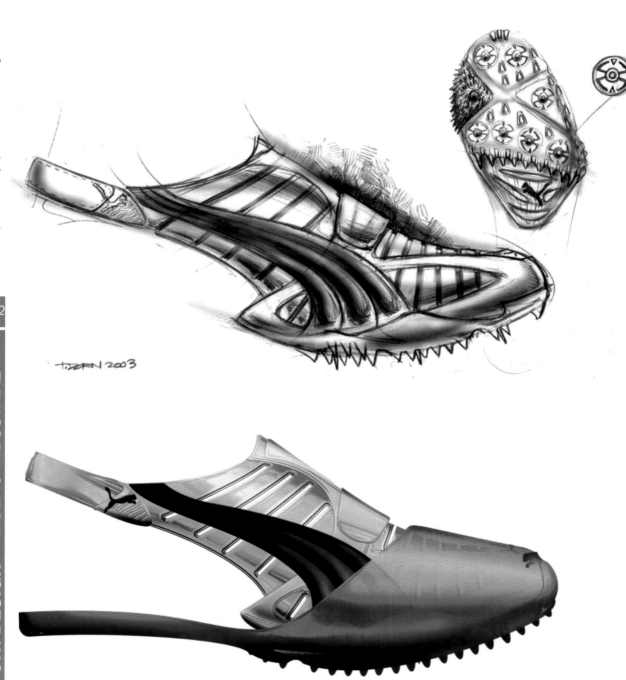

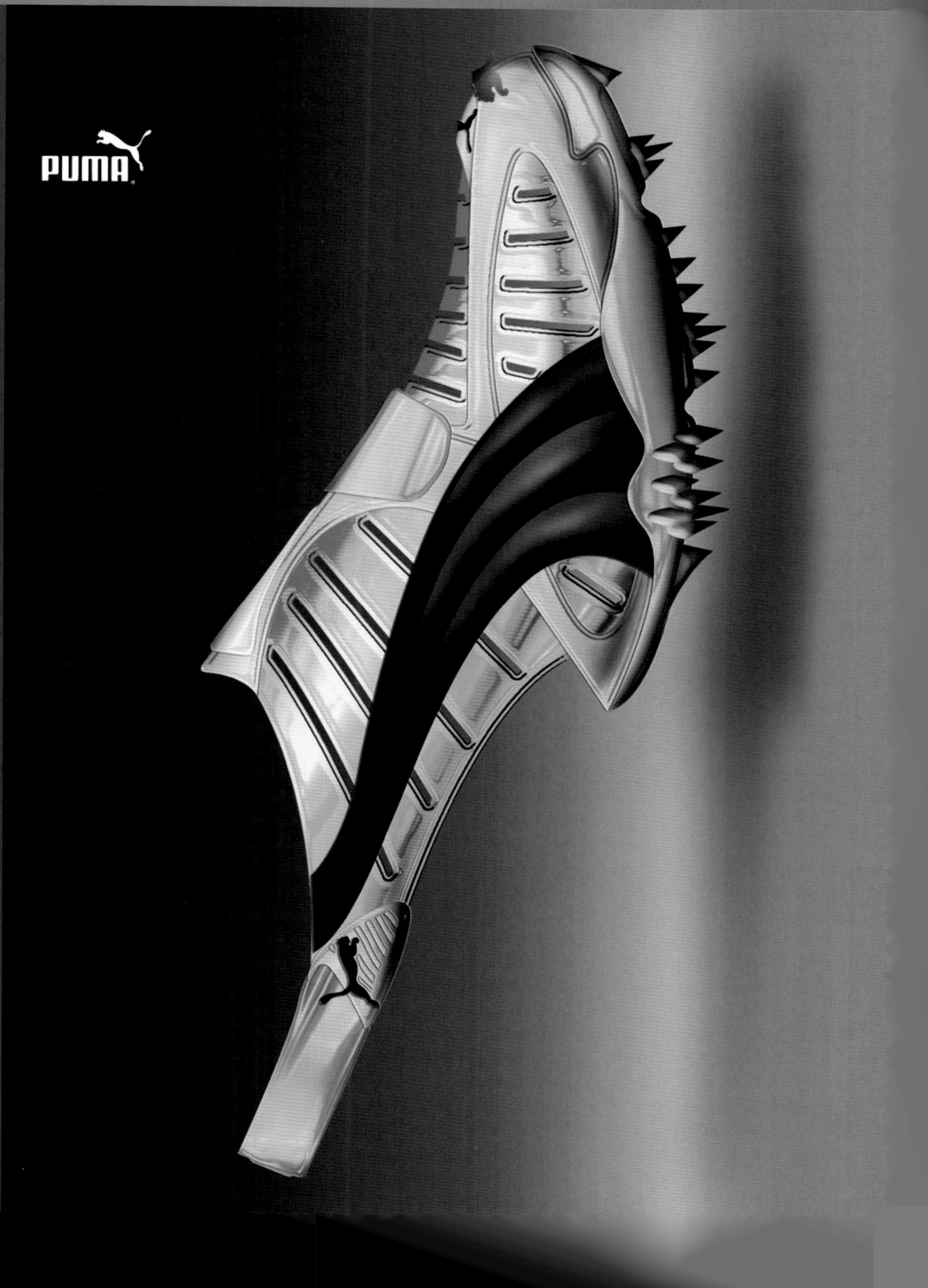
PUMA

La remera Nike Sports es el primer producto de la línea de prendas atléticas Nike Sports. Diseñada para ofrecer confort y flexibilidad, además de soportar mucho sudor, la camiseta Nike Sports fue desarrollada pensando en que fuera la única remera que van a necesitar los usuarios a la hora de realizar ejercicios físicos.

Brindando un calce y confort inigualables a las estrellas de fútbol que los utilizan, los botines Total 90 Laser II, desarrollados por Nike, les aseguran movilidad y poder en el campo de juego. Estas funcionalidades se suman a su atractivo estético, cuyo diseño combina el color negro con detalles en un llamativo verde.

Disputado en 2008, el principal torneo de selecciones de fútbol europeas organizado por la Unión de Asociaciones de Fútbol Europeas - UEFA -, contó con la presencia de Nike en la cancha. Es que varios de los equipos nacionales que participaron del campeonato – como Croacia, Holanda, Portugal, Rusia y Turquía -, eran auspiciados por Nike Football.

Basadas en un boceto original de Jimi Taylor, las Puma Disc Printer 100 no sólo poseen diseño, sino que también representan un avance tecnológico en el mundo del deporte. Es que el transporte de disco Puma (Puma Disc Carriage) provee un modo único de "convertir" el pie humano en un calzado. Cuando los dedos del pie se introducen en la zapatilla, el talón puede ser ajustado a su posición a través de cables, mientras un fino cilindro, ubicado en el talón del calzado, es utilizado para ajustar finamente el calce. El sistema Puma Disc tiene varias posiciones.

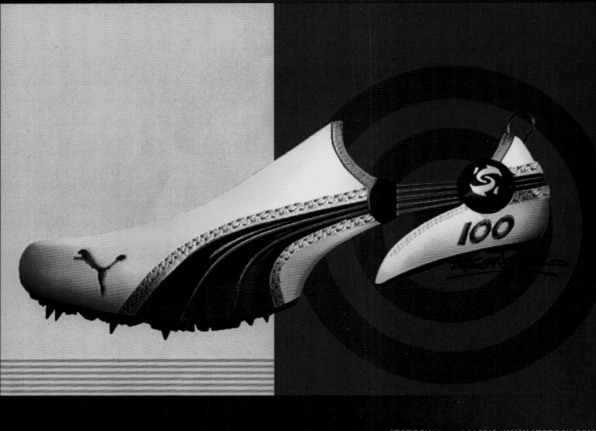

Demostrando que es una marca líder en su rubro, los driver - palos – de Nike Golf SQ SUMO 5900 y SQ SUMO 5000, fueron los más ganadores del PGA - Asociación de Profesionales de Golf - Tour en 2008. El driver de forma rectangular SUMO 5900 es el palo más recto, largo y preciso que Nike Golf ha realizado, mientras que el SUMO 5000 tiene una cabeza tradicional, de diseño redondeado, que ofrece a los golfistas una distancia adicional, permitiéndoles darle más forma a sus golpes.

Con un diseño moderno, en el que predomina el color negro, Nike presenta una nueva línea de calzado diseñado exclusivamente para el plan de entrenamiento Sparq. Como este programa tiene por objetivo mejorar la performance de los atletas y se ocupa de aspectos fundamentales del ejercicio físico, como la agilidad, la fuerza, la velocidad y la resistencia, necesita, entonces, de un calzado preparado para lograr los resultados esperados.

Charge Design y los ingenieros de la marca Descente, se unieron para desarrollar trajes de patín y esquí para los equipos de Canadá, España y Suiza, antes de los Juegos Olímpicos de Invierno de 2002. Ante el desafío de lograr piezas que combinaran la idea de un equipo de superhéroes, con una seria imagen atlética, los trajes incluían "microaletas" de goma de silicona para dar a los atletas aerodinamismo y control cuando se deslizan a altas velocidades. Los trajes fueron utilizados por el equipo canadiense, con algunas modificaciones.

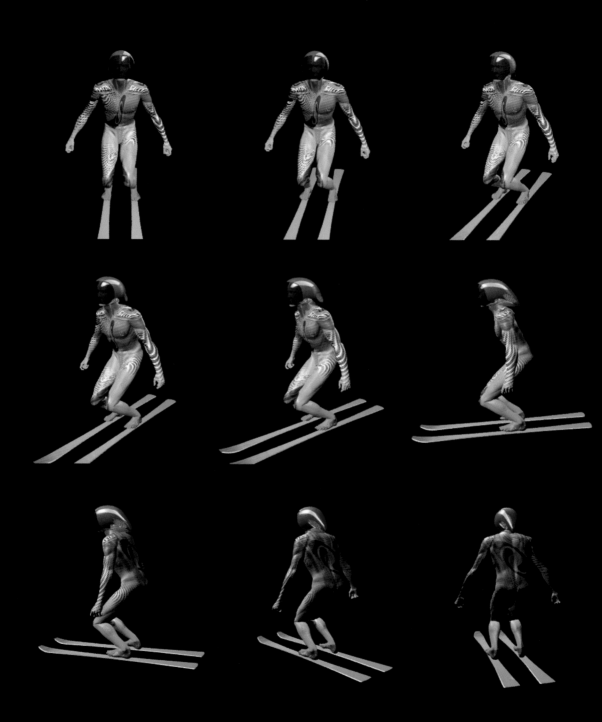

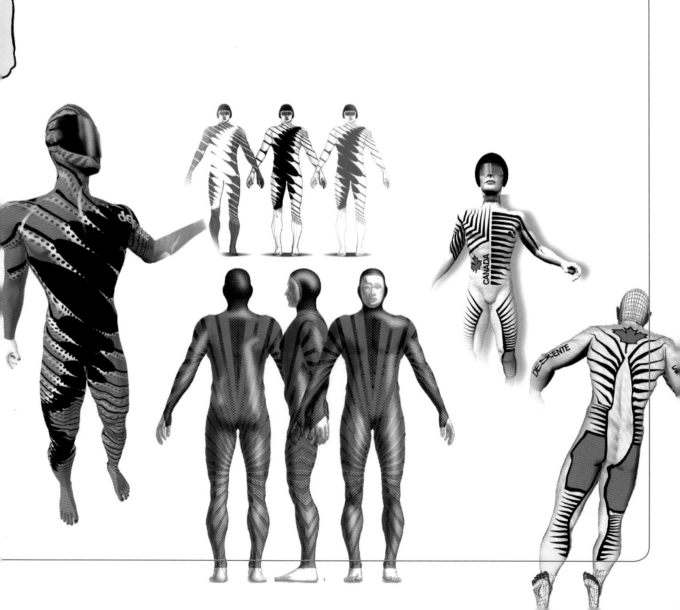

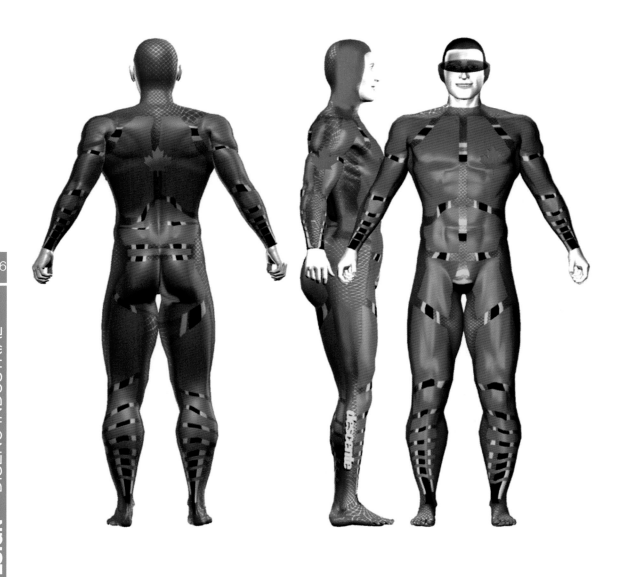

Inspirados en monstruos marinos como calamares y pulpos gigantes, los uniformes del equipo de fútbol de playa de Brasil, diseñados por New Level Design LTDA para Umbro, incluían hasta un logo con un cangrejo – aunque éste nunca fue aprobado - . Las piezas, plagadas de color y con un aire veraniego, fueron realizadas con materiales súper livianos, que facilitan la respiración intensa generada durante el juego.

Capaz de satisfacer necesidades de varias especialidades deportivas como el telemark, el montañismo y el freeriding, las XR, desarrolladas por Delineodesign para la marca Crispi, plantean un nuevo concepto en calzado. Combinando plástico de doble densidad con fibras de carbón, las XR marcan una innovación en el mercado. Con estas botas Crispi ganó el USA Skier's Choice Award - un premio elegido por los esquiadores de USA - por dos años consecutivos y además, fueron incluidas en el anuario ADI Design Index, de la Associazione per il disegno industriale.

PACKAGING

Capaz de emitir significados y hasta de convencer a un potencial comprador de que se encuentra frente al producto ideal para satisfacer sus necesidades, el packaging, con su espíritu seductor, generalmente es considerado algo así como la piel del producto. Es la primera impresión que un consumidor recibe de él y, en ese instante muchas veces efímero, se resuelven todos los interrogantes planteados en el proceso de diseño de un pack. En el mundo del deporte, el packaging juega un rol determinante, y la celebración de eventos deportivos de gran importancia suelen ser buenas excusas para el desarrollo y presentación de nuevos empaques. Ediciones especiales con la imagen de alguna estrella del deporte que se supone se destacará en esa competencia, diseños inspirados en determinado torneo o en el lugar geográfico en el cual se realiza el certamen, suelen ser algunos de los recursos utilizados por el diseño para estimular los sentidos del consumidor a través del packaging. Pero sin duda alguna, la tendencia más visible por estos días en el universo del diseño de packagings deportivos, y a través de la cual las marcas buscan acercarse a un consumidor comprometido y diferenciarse, es el desarrollo de packs cuidadosos con el medio ambiente. La mayoría de las imágenes que se presentan en este libro nos muestran empaques sustentables, como el "Clever Little Bag" realizado por el diseñador industrial Yves Béhar para la marca Puma, o el desarrollo de la agencia TDA Advertising & Design, que realizó el packaging de las zapatillas Newton utilizando cajas contenedoras de huevos recicladas. La tendencia del diseño en general es acercarse a lo sustentable, y las marcas, a través de la sustentabilidad, contribuyen a la construcción de valores que son vistos positivamente por el consumidor.

FUSEPROJECT

¿Cuáles son las características que hacen a un packaging efectivo? La menor cantidad de material, una experiencia de usuario que entrega más y un enfoque en la sustentabilidad. **¿Cómo impacta en el packaging la tendencia hacia un uso más ecológico de los materiales?** Mi opinión es que la utilización ecológicamente responsable de materiales nos da la oportunidad de cambiar los viejos paradigmas en el área de packaging. Tenemos que repensar cada proceso, cada logística, para ofrecer una solución realmente eficiente para el siglo 21: eso significa que los diseñadores pueden cambiar las expectativas e ir más allá de los clichés de los envases actuales. **¿Podría mencionar un trabajo de packaging aplicado a un producto deportivo que sea representativo del estilo de su estudio?** Bueno, la PUMA Clever Little Bag, así como otros embalajes de ropa que hemos hecho con PUMA, son avances en una industria que todavía utiliza embalajes en exceso. **Generalmente el envoltorio hace a la primera impresión de un producto, pero en el rubro deportivo suele ser un valor añadido una vez realizada la compra ¿cuál es la función del diseño en ese caso?** Creo que es posible alcanzar 2 objetivos: reducir el uso de materiales y de energía Y entregar una experiencia mejor y más duradera. La PUMA Clever Little Bag consume 65% menos de material y energía, remplaza las bolsas grandes de plástico de las tiendas Y es reutilizable por el consumidor después de la compra. Una persona puede utilizar la bolsa tanto para viajar como para guardar y/o trasportar varias cosas. Cuando finalice su vida útil, la bolsa Puma puede ser reciclada pues está hecha de fibras PET recicladas. **¿Hay algún producto deportivo cuyo packaging en general se descuide?** Creo que la mayoría de los productos deportivos tienen demasiado embalaje, que además es desechable completamente… son sólo cajas de cartón para un único uso. Creo que trasmiten ideas equivocadas sobre las empresas que ponen sus logos en ellas. **¿Hay algún cliente que añoraba tener en su portfolio y está orgulloso de haber conseguido?** Seguramente PUMA sea uno de esos clientes, ellos están optando por el respaldo a una plataforma ambiental y social. No están diciendo "somos perfectos" sino lo que es aún más importante, dicen "estamos pensando a lo grande y, de forma concreta, hemos comenzado". **¿Conserva el packaging de algún producto?** He conservado el embalaje del reloj ISSEY MIYAKE VUE porque es reutilizable como anotador. **Ciertas bebidas y productos de higiene se asocian al deporte por sus características y diseño ¿qué papel juega el packaging en este sentido?** Pienso que en muchos casos el embalaje cumple la función de protección y envoltorio para envío, los diseñadores podrían ser mucho más inteligentes logrando minimizar los embalajes, enviar a granel y brindar nuevas ideas al embalaje de productos deportivos. Es la "performance" a la que las compañías de deportes aspiran. **El deporte es un terreno de acción en el que los objetos son exclusivamente funcionales ¿cómo es posible darle valor a la estética en este segmento?** Yo me centraría en las nociones de "performance" y eficiencia, ya que los atletas también deben poseer ambas. **¿Cuál es para usted el deporte que más ha modificado su estética gracias al desarrollo del diseño?** Es curioso, pero siento que los productos deportivos evolucionan muy poco: El calzado para skate es siempre similar y derivado de antiguos diseños y pienso que esto es así también en la mayoría de los productos deportivos. Las marcas suelen pensar que sus clientes son de "cierto tipo ya definido", pero yo no pienso que sea así.

¿Cómo es posible que un deporte que despierta pasiones y posee hasta un club de fans, no cuente con accesorios propios? Ante esa pregunta, los responsables del Torneo de Tenis de Mesa Puma - PT3 Puma Table Tennis Tournament – encargaron a aruliden el desarrollo de una caja ultramagnética para Puma, que sirve para guardar la paleta y las pelotitas. Sin complicados mecanismos de cierre, PT3 ofrece una solución elegante y simple para proteger el equipo básico de ping-pong.

Buscando reducir el impacto ambiental, la agencia fuseproject diseñó para Puma una "Pequeña bolsa inteligente". Es que este packaging, entre otras cosas, usa un 65% menos de cartón que una caja de zapatos estándar, ocupa menos espacio, pesa menos al ser transportada y hasta reemplaza a las bolsas plásticas de los negocios minoristas. Además, la estructura de cartón es cortada de una pieza plana de material y no tiene impresiones adicionales, por lo que puede ser reciclada más rápida y eficientemente. Una pieza que, sin dudas, aboga por un mundo mejor.

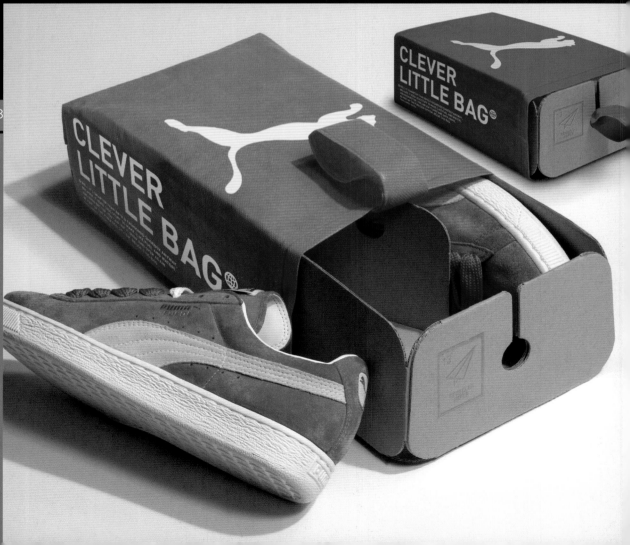

Adidas también está presente en la higiene del deportista. Para la presentación de una de sus líneas cosméticas, compuesta por un gel de ducha, un spray y desodorante, convocó al especialista en diseño de productos cosméticos y accesorios Marek Mikovec, para que se encargue de su presentación. El resultado fue un elegante, sobrio pero original packaging: una serie de esferas compactas con superficies en goma negra.

Con el objetivo de transformar el packaging en un elemento de diferenciación para el producto, y bajo el slogan "Tu entrenamiento comienza en tu interior", DHNN desarrolló para Nike un pack de edición especial para ropa interior femenina liviana de entrenamiento. Inspirado en el triatlón y considerándolo el deporte de resistencia con mayor exigencia en el que participan mujeres, este packaging "compañero de entrenamiento" viene con diferentes tarjetas para que las consumidoras conozcan el entrenamiento e información adicional sobre el triatlón.

TRAINING UNDERWEAR

need for hot days and high
atures, and a critical base layer for
d days. Stay dry, stay comfortable, no
ter what.

DRI-FIT LIGHTSPEED DRYING PRO FABRIC
high performance microfiber polyester fabric
actually pulls sweat away from the body and
transportit to the fabric surface, where it
evaporates and leaves the skin cool and dry.

TRIATHLON
CITY MAP
INFORMATION

DRI-FIT LIGHTSPEED DRYING PRO FABRIC
eu vehicula ante. In vivamus ac gravida dui.
Aliquam vestibulum in del e sollicitudin mollis.
Vivamus laoreet gravida quet elementum. Sed
eleifend purus.

REFERENCE
- RUNNING
- BIKE
- SWIMM

183

Newton Packaging Design / TDA Advertising & Design / 2007

En consonancia con las nuevas tendencias del diseño, que buscan reducir el impacto ambiental de sus creaciones, TDA Advertising & Design desarrolló el packaging de las zapatillas Newton utilizando cajas contenedoras de huevos recicladas. Es que, como plantean los responsables de la agencia, el objetivo del proyecto era crear un pack único, usando materiales que tuvieran en cuenta el futuro y el eco diseño, además de mantenerse en línea con las zapatillas Newton, que rompen con el diseño industrial de este tipo de calzado.

Newton Packaging Design, TDA Advertising & Design

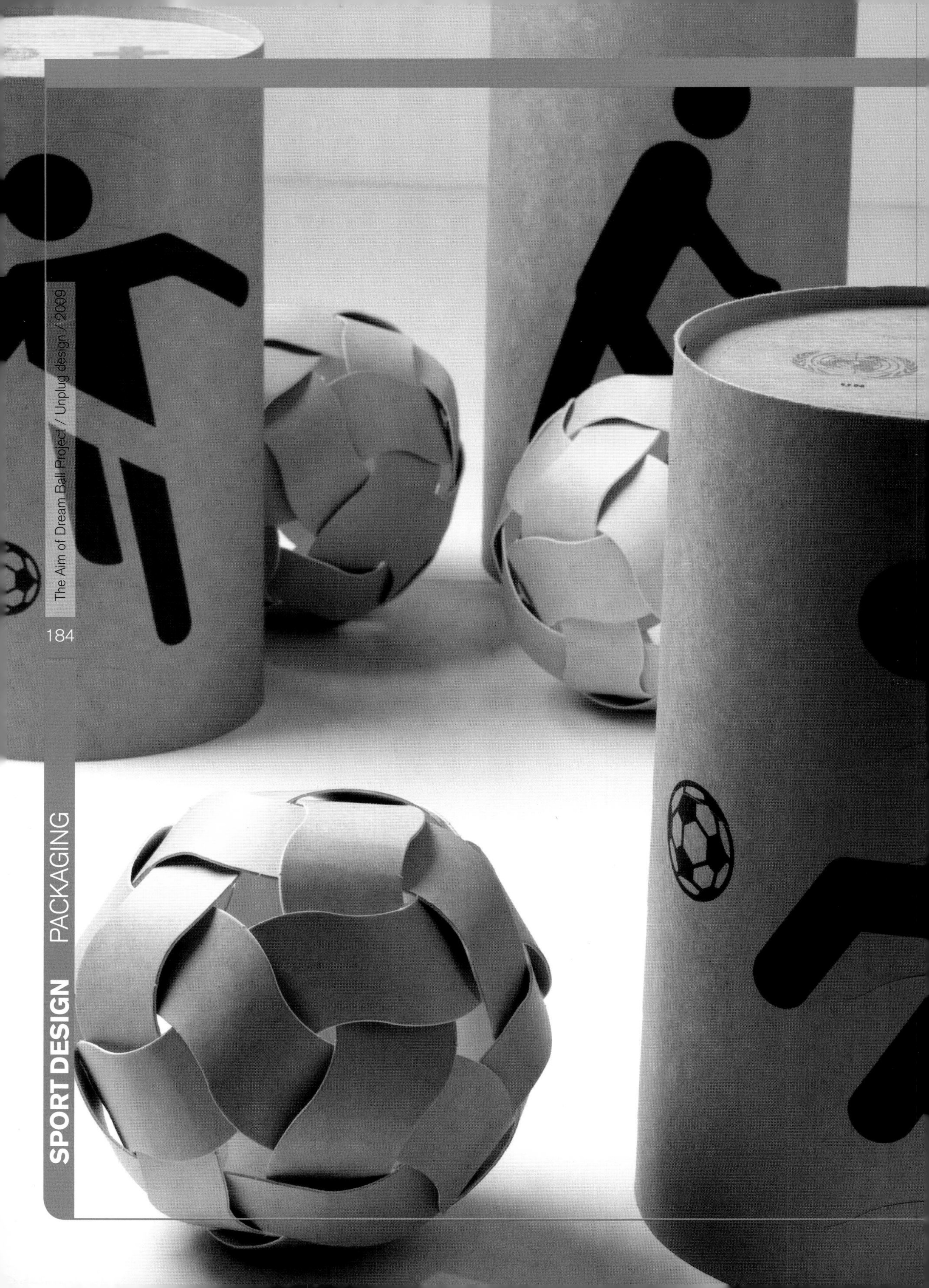

Pensando en aquellos niños que viven en los países en vías de desarrollo y no disponen de los medios económicos para comprar una pelota de fútbol, Unplug design creó una caja de ayuda realizada en papel, la cual viene con un molde e indicaciones para que los chicos puedan armar una "Dream Ball" reciclando esa misma caja.

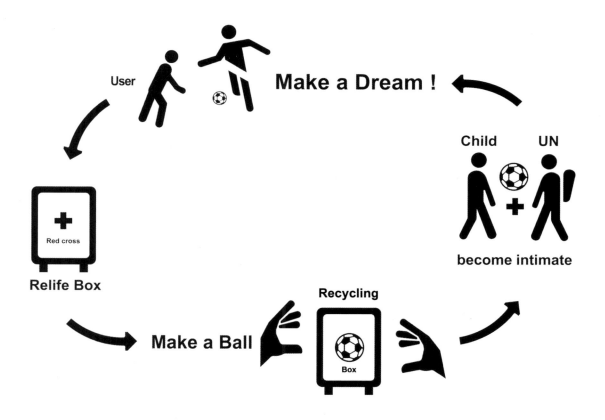

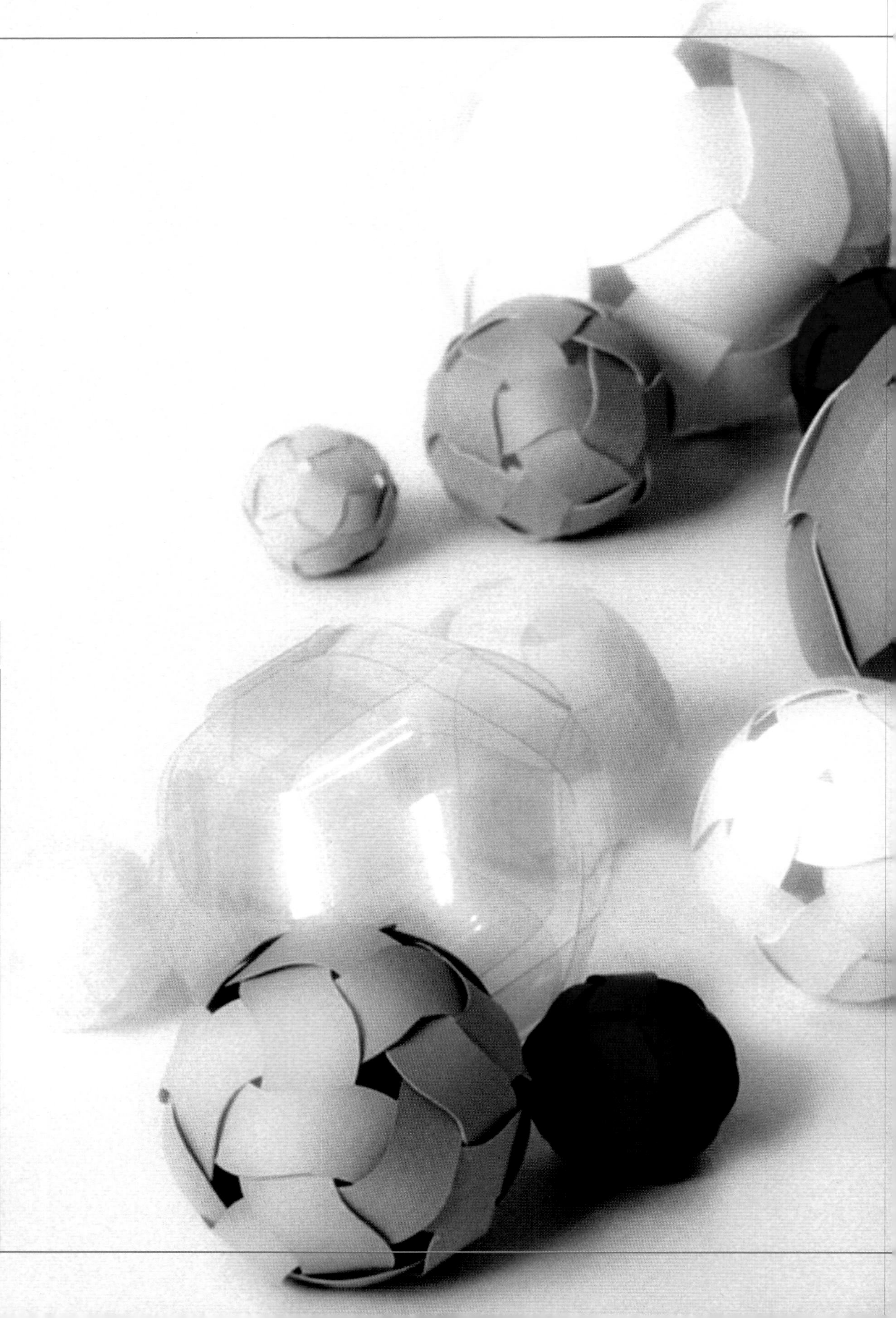

Cuidadoso de la estética, pero también del medio ambiente, el diseñador Edgar Guillén desarrolló una serie de packagings sustentables para los artículos deportivos que fabrica y comercializa la firma Voit. Para la realización de estos packs, se redujo un 40 % el material utilizado, lo cual le dio a la marca una identidad propia en el mercado.

Voit

01 Latex or butyl chamber air
Cámara de látex o butilo

02 Layers made in canvasses and synthetic fibers
Capas fabricadas en lona y fibras sintéticas

03 PVC or PU casing
Cubierta de PVC o PU

04 Butyl valve
Válvula de butilo

Con una estética minimalista, alineada con el producto al cual protege, el packaging de los relojes pulsera Presto de Nike, agrega una nueva funcionalidad a la ya conocida función del empaque. Esta vez, el diseño completado por Scott Wilson mientras trabajó en Nike, sirve a demás como una divertida maceta, con la que se puede decorar cualquier ambiente.

A través de la publicidad, el diseño se encarga de construir aquellos discursos e interpretaciones que hacen referencia a la práctica deportiva. Y esta actividad está regida por un fuerte sistema de valores, profundamente arraigados en los deportistas, y capaces de trascender las fronteras físicas e incluso culturales. Generalmente, en las publicidades cuya temática tiene que ver con el deporte, la imagen es protagonizada por un deportista. Anónimo en algunos casos, pero también reconocido a nivel internacional en el ámbito del deporte profesional en la gran mayoría, las piezas publicitarias siempre nos muestran el cuerpo de un deportista, modelado por valores propios de la moral deportiva. Un cuerpo siempre en movimiento, transpirado, en lucha, demostrando que alcanzar una meta no es fácil y requiere esfuerzos. Un cuerpo doliente y cansado, pero esbelto y bello a la vez. Este cuerpo es utilizado por la publicidad, debido a que, los valores que encarna, son compartidos, admirados y hasta deseados por el público. En las páginas de este capítulo se puede ver que no sólo las marcas líderes dedicadas al diseño y comercialización de productos asociados al deporte se apoyan en publicidades que tienen como protagonistas a reconocidos deportistas. También instituciones deportivas - como el equipo de fútbol americano TCU Horned Frogs, que eleva a la categoría de héroes a sus jugadores - o, incluso, empresas dedicadas a la espectacularización del deporte - como ESPN Films -, utilizan este recurso a la hora de vender productos y servicios vinculados al universo del deporte. No obstante, éstas imágenes son reforzadas por el uso de recursos como el brillo y la luz, por la elección de los colores, por los fondos en los que se insertan estos personajes – entre otras cosas -, para poder, desde esa construcción, resaltar aquellos aspectos que una marca quiere comunicar.

Apelando a las distintas capacidades, motivaciones y estilos para correr que existen, la agencia iris Worldwide desarrolló una campaña que busca destacar a Adidas como una primera marca entre los corredores, respondiendo a las necesidades individuales de cada deportista. Basada en una serie de insights de varios tipos de corredores, la campaña cuenta con el abordaje fotográfico del reconocido fotógrafo Blinkk, quien logra reflejar la perspectiva del corredor. La campaña estuvo presente en más de 50 mercados en todo el mundo, como USA, Brasil y China, entre otros.

Because today I feel fast, scary fast

adizero Tempo. Weighing next to nothing. With Formotion™ technology that adapts to your stride. Perfect. For runners who'd like to take it up a gear.

adizero | Because every runner is different

adidas.com/running

IMPOSSIBLE
IS NOTHING

Because someone, somewhere is stuck in a

Supernova apparel. Freedom for trail runners. Designed with ForMotion™ technology so it doesn't restrict your movements, however unexpected. Makes experiencing the great outdoors even greater.

Supernova Riot | Because every runner is different

micoach
compatible

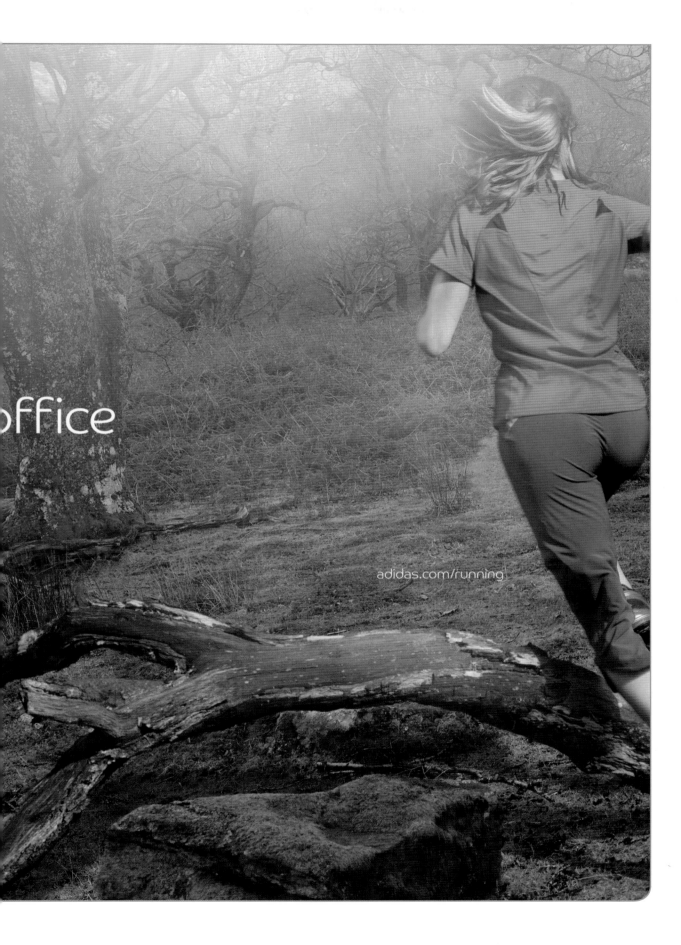
office

adidas.com/running

198

Because it's

IMPOSSIBLE
IS NOTHING

Because I'm loving ev
horrible minute of this

Supernova Glide | Because every runner is different

y wonderful,

Tratando de reunir temáticas que, podría decirse, no tienen nada que ver entre sí, Alessandro Bavari diseñó una serie de avisos navideños para desear a todos – y especialmente a los lectores del periódico deportivo italiano La Gazzetta dello Sport – buenas acciones. En las piezas Calciatore, Re Magi y Rugby, se une una estética de navidad con imágenes que representan situaciones cotidianas del mundo del deporte.

PUBLICIDAD

SPORT DESIGN

Con una imagen épica, cargada de movimiento y energía, Fluidesign convirtió al equipo Saatchi de los Juegos Paralímpicos que se disputarán en 2012 en Gran Bretaña, en una especie de superhéroes de ficción que caen en la Tierra, justo en el centro del estadio olímpico, listos para empezar el juego. A través de la pieza, Fluidesign logra promover valores propios de la moral deportiva, como la superación, la habilidad, el talento y la determinación.

SPORT DESIGN   PUBLICIDAD

Inspirado en el poder atribuido a la bebida energizante Hype, el estudiante de la European School of Design de Frankfurt, Pavel Bondarenko, desarrolló una campaña gráfica en la cual es posible reconocer ese poder, a través de la imagen. Tanto la idea, como la fotografía y el diseño fueron realizados por Pavel Bondarenko.

The Power of **HYPE** ENERGY

Como parte de la campaña gráfica "The Power of Hype", pensada para la bebida energizante Hype, el estudiante de la European School of Design, Pavel Bondarenko, desarrolló una pieza que parece desafiar los límites del deporte mismo. En este sentido, la imagen logra transmitir el espíritu de Hype, a través de un protagonista que parece lograr aquello que parecería imposible.

The Power of HYPE ENERGY

El poder de la bebida energizante Hype, parece ser extremo. Al menos, la campaña gráfica desarrollada por el estudiante de la European School of Design de Frankfurt, Pavel Bondarenko, busca afirmar esto. Con una idea, fotografía y diseño suyo, Pavel Bondarenko logra desarrollar una pieza tan poderosa como Hype.

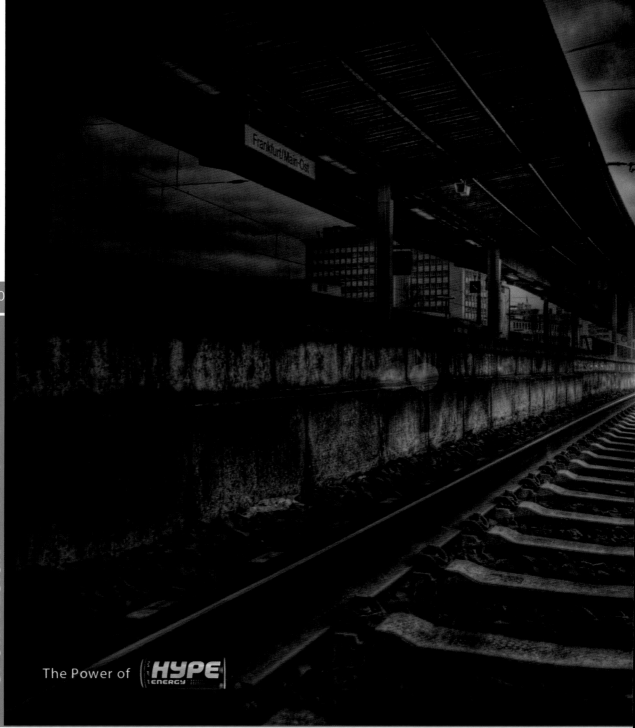

210

PUBLICIDAD

SPORT DESIGN

MY POW
OUR PO

Como parte del lanzamiento del programa de entrenamiento Nike SPARQ, la firma Nike desarrolló la campaña My Better. En la serie de piezas que la componen, queda claro que para ser el mejor, no sólo hay que destacarse, sino que hay que ganarle al mejor. Y que Nike es una marca que está puesta al servicio de eso.

PUBLICIDAD

SPORT DESIGN

THE AIR ZOOM **SPARQ** TR ELITE.
A BETTER TYPE OF TRAINING SHOE
FOR A BETTER TYPE OF TRAINING.

NIKE SPARQ **TRAINING**

My Better, Nike

"Mejor" parece ser la palabra clave en el mundo del deporte. Porque, aunque existen muchos deportistas buenos, el mejor siempre es sólo uno. Entonces, al servicio de esta moral deportiva, que parece indicar que con ser bueno no es suficiente, Nike desarrolló el Nike SPARQ. Un programa de entrenamiento diseñado para mejorar la performance de los jóvenes atletas en el día de la competencia.

MY BETTER IS BETTER THAN YOUR BETTER

Como parte del rediseño de la marca Topper, realizado en 2009, NNSS Universos junto al estudio 22DG, desarrolló el nuevo sitio Web de la marca. Inspirada en el concepto "El corazón manda", la nueva Web de Topper muestra deportistas en acción, encarnando la moral deportiva a través de valores como la fuerza, el "empuje", el amor propio, la "garra" y la superación. Según los responsables del proyecto, con esta pieza buscaron mostrar una energía superior. El plus de fuerza interior, aura y magnetismo de los personajes, al usar los productos Topper.

Felicitamos a Hindu
Tetra campeón del Top 14 URBA 2009

Web 2009 Topper / Nicolás Gloazzo, Andrés Humenczuk y Tomás Fliess / NNSS Universos / 2009

SPORT DESIGN   PUBLICIDAD

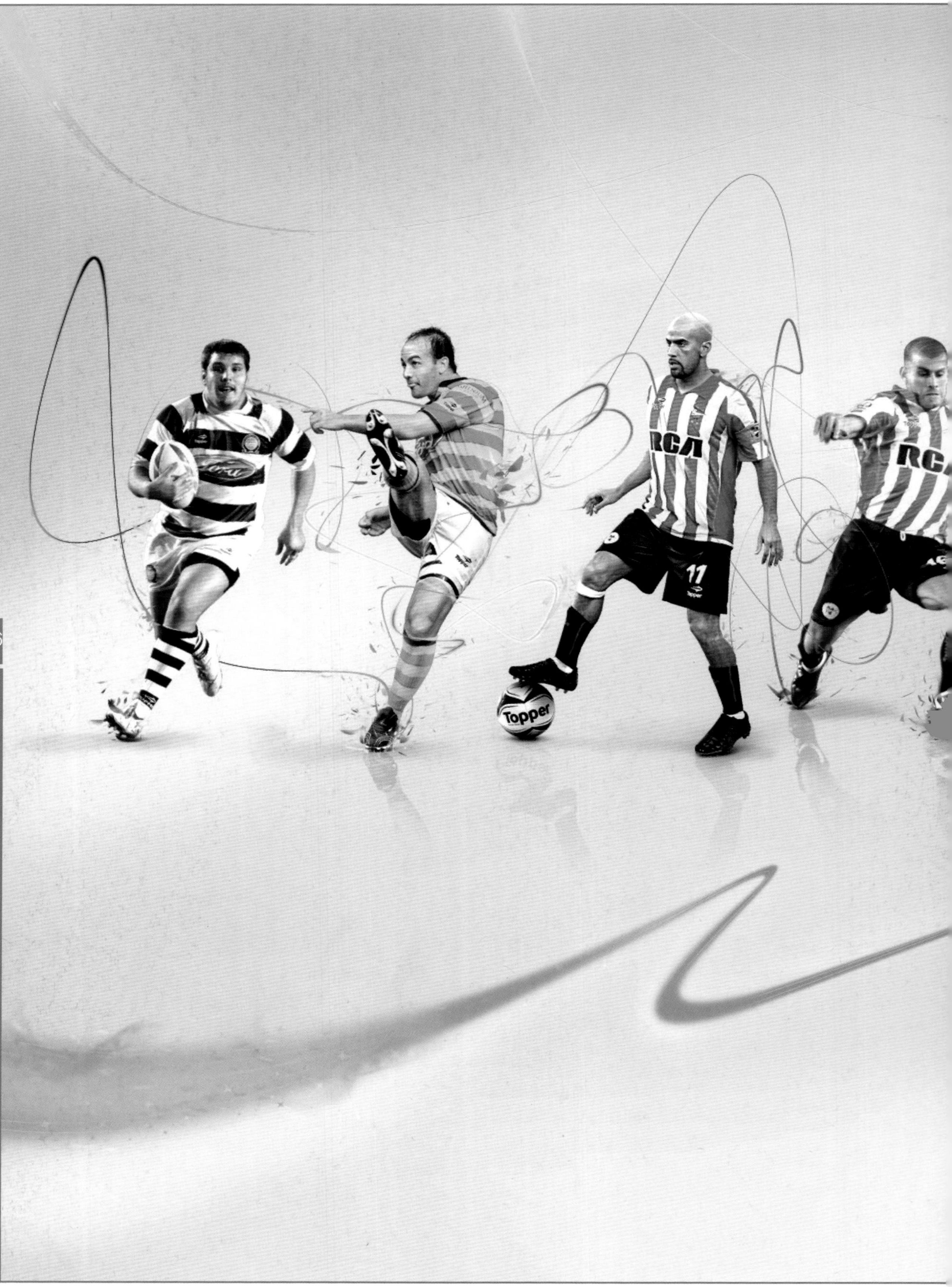
RCA
11
Topper
RCA

EL CORAZON MANDA | Topper

EL CORAZON MANDA |

Una porción de torta es sinónimo de celebración. Y una celebración, es sinónimo de aprovechar la ocasión para darnos un gusto y salirnos de la dieta por un día. En eso pensaron Paulo Flatau y Rodrigo Magalhães cuando desarrollaron el aviso para festejar los 55 años de Adidas, dirigido a los lectores de revistas de gimnasia, fanáticos del deporte y la vida sana.

Adidas 55 / Paulo Flatau / Rodrigo Magalhães / 2005

219

SPORT DESIGN PUBLICIDAD

Plagada de estrellas del mundo del deporte, la campaña global de Adidas "miCoach dice", creada por 180 Amsterdam y su brazo digital RIOT, fue realizada para apoyar el lanzamiento de la aplicación para teléfonos móviles miCoach. La aplicación tiene diferentes planes de entrenamiento para distintos deportes y ofrece una rutina personalizada y hablada, que indica la performance del deportista durante el entrenamiento, en tiempo real. Es que, al operar con GPS, se conecta con el teléfono del usuario y rastrea su carrera.

Con frases que apelan a cosas extraordinarias, como los únicos motivos por los cuales estas mujeres dejarían de correr, la agencia Wieden+Kennedy desarrolló para Nike Latinoamérica, una campaña publicitaria dirigida al público femenino, incentivando a las mujeres sudamericanas a que sigan corriendo.

NIKECORRE.COM

UNTIL THERE ARE ZERO CALORIE EMPANADAS

WE RUN

SPORT DESIGN   PUBLICIDAD

10K
BUENOS AIRES
LA CARRERA
DE LAS CHICAS

Con tonos color polvo de ladrillo, NNSS Universos en conjunto con el estudio 22DG, desarrolló una serie de postales gráficas inspiradas en la Copa Davis para Topper, la compañía de indumentaria deportiva líder en Argentina. Con una estética moderna, las postales fueron protagonizadas por los tenistas argentinos Guillermo Vilas, Guillermo Cañas, Juan Ignacio Chela, José Acasuso y Martín Vassallo Argüello, todos ellos, patrocinados por Topper.

Con una estética luminosa, que se destaca sobre un fondo negro, Mirko Ilic y Walter Bernard desarrollaron una animación para ESPN Films. Es que esta compañía, realiza filmes y documentales deportivos, a partir de los cuales, es posible disfrutar de la luz que irradian las estrellas del universo del deporte.

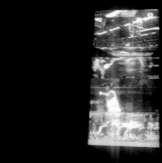

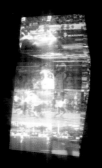

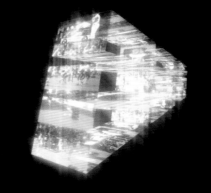

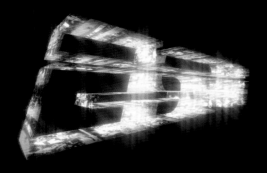

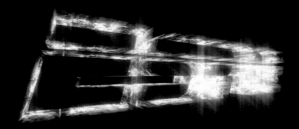

SPORT DESIGN   PUBLICIDAD

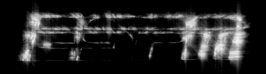

Ya hacia fines de los noventa, invocar una marca de calzado urbano, creer en su estilo y llevarlo puesto, podía compararse con una cuestión de fé. En esto pensaron los creativos de la agencia RDYA Design Group al momento de desarrollar una campaña publicitaria que represente el significado de usar VANS. En esta serie de piezas realizadas con fotografía artística, se recrearon los mandamientos para quienes lleven el calzado puesto, como si se tratara de un uso religioso.

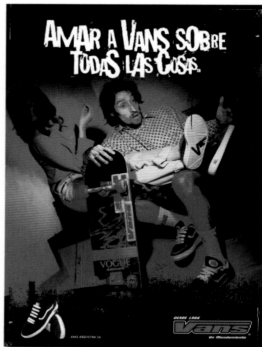

COLABORADORES

A3 Design
PO Box 327, Webster NY,
14580
Estados Unidos
T: 585.542.8303
www.A3-Design.com

Adidas
Adidas AG Social &
Environmental Affairs
Worldof Sports
Adi-Dassler-Straße1
91074 Herzogenaurach
Alemania
T: 49 (0) 9132-84-0
F: 49 (0) 9132-84-3242
www.adidas-group.com
corporate.press@adidas-Group.com

Alessandro Edoardo Bavari
Via dell'Irto 13
Pontenuovo, 04013
Italia
www.alessandrobavari.com
info@alessandrobavari.com

Alex Dimitriev
1st Dubrovskaya st.16a/407
Moscu
Rusia
T: 79269606444
laster_86@mail.ru

Aruliden
30 West 24th street
9th floor
New York, NY 10010
Estados Unidos
T: 212-463-0286
www.aruliden.com
info@aruliden.com

Benjamin B. Nawk
Robert-Bosch-Str. 9
71229 Leonberg-Warmbronn
Alemania
T: 49 151 586 1 444 5
www.mbtech-group.com /
www.daimler.com
benjamin.nawka@daimler.com

Bk design
8368 Bougainville, Suite 105
Montreal, Quebec
Canada
T: 438.380.3473
www.bkdsn.com
info@bkdsn.com

Blok Design
287 MacPherson suite 201
Toronto
Canada
T: 416 927 7077
www.blokdesign.com
disinfo@blokdesign.com

Brave
Level 4, 201 Miller Street,
North Sydney, NSW 2060
Australia
T: 02 9976 8444
F: 02 9976 8400
www.brave.com.au

Bridger Conway
71 Fifth Avenue, 5th Floor
New York, NY 10003
T: 212.627.4726
www.bridgerconway.com
santiago@bridgerconway.com

Bruketa & Zinic
Zavrtnica 17,
10000 Zagreb
Croacia
T: 0038 516064000
F: 0038 516064001
www.bruketa-zinic.com
bruneta-zinic@bruketa-zinic.com

Cafe Creative
Seregély street 3-5, 1037,
Hungria
T: 36 1 880 3000
F: 36 1 880 3040
www.cafecreative.hu
info@cafecreative.hu

Caglar Sasmaz
www.caglarsasmaz.com
caglarsss@gmail.com

Cavan Huang
www.icav.ca
cavdesign@gmail.com

Charge Design
35 East 21st Street 2nd Floor
New York, NY 10010
T: 718 237 2580
www.chargedesign.com
sergio@chargedesign.com

Charis Tsevis
154, Rodou street
Athens 02 Greece 10443
T: 306932531339
www.tsevis.com
tsevis@mac.com

Checkland Kindleysides
Charnwood Edge, Cossington
Leicestershire Le7 4uz,
Reino Unido
T: 44 (0)116 2644 700
F: 44 (0)116 2644 701
www.checklandkindleysides.com
info@checklandkindleysides.com

Crab
Roberto Vackflores
Europa 2015 of D
Providencia. Santiago de Chile
Chile
T: 562 -334 7749
www.crab.cl
rvack@crab.cl

Delineodesign
Via Zecchinel, 24
31044 Montebelluna
Treviso
Italia
T: 39.0423.604.555
www.delineodesign.it
info@delineodesign.it

DHNN
J.J. Paso 409 PB E
 Martinez, Buenos Aires,
Argentina
T: 5411 4798-6594
www.dhnn.com.ar
info@dhnn.com.ar

Duffy & Partners
710 2nd Street South,
Suite 602
Minneapolis, MN 55401
Estados Unidos
T: 612.548.2333
F: 612.548.2334
www.duffy.com
eschneider@duffy.com

Elvis Tomljenovic
Jadranska 9
52440 Porec
Croacia
T: 385 98 9351 664
www.tomljenovic.carbonmade.com
peugeot.bebe@gmail.com

Evenson Design Group
4445 Overland Ave.
Culver City, CA 90230
Estados Unidos
T: 310-204-1995
F: 310-204-2409
www.evensondesign.com
Tricia Evenson
tevenson@evensondesign.com

Fluid
12 Tenby Street
Birmingham B1 3AJ
Reino Unido
T:0121 212 0121
www.fluidesign.co.uk
josie@fluidesign.co.uk

François Clerc
60 Malpas Road
London SE4 1BS
Reino Unido
T:0033 7 88 44 55 137
www.clercdesign.com
francois@clercdesign.com

Hello Design
8684 Washington Blvd
Culver City, CA 90232
Estados Unidos
T: (310) 839-4885
www.hellodesign.com

Fuseproject
415 Broadway, 3rd floor
New York City, NY 10013
Estados Unidos
T: 415.908.1492
F: 415.908.1491
www.fuseproject.com
press@fuseproject.com

Iris Worldwide
185 Park Street
London
T: 020 7654 7900
www.irisnation.com
Julie.Bowyer@iris-worldwide.com

JMD Communications
Víctor LLeras
P.O. Box 193477
San Juan PR 00919-3477
Puerto Rico
T: 787.728.3030
F: 787.728.7050
www.jmdcom.com
vlleras@jmdcom.com

John Appleman
Calle Eguilior
Almeria
España
T: 34 950 081 545
www.johnappleman.com
info@johnappleman.com

Jonathan Rusell
2606 Woodside Circle
McKinney, TX 75070
Estados Unidos
T: 972 333 9791
www.jonrussellindustrialdesign.
blogspot.com
jrussellid@gmail.com

Leagas Delaney Hamburg GmbH
Werbeagentur
Eimsbütteler Straße 64
22769 Hamburgo
Alemania

Minimal
1032 W. Fulton Market, 201
Chicago IL 60607
Estados Unidos
T: 312-624-8981
F: 312-624-8984
www.mnml.com
info@mnml.com

Nave Comunicasao
Rua José Alexandre Buaiz,
190/1010,
Enseada do Suá,
Vitória CEP: 29055-221
Brazil
T: 55 27 3345-5556
www.agencianave.com.br
nave@agencianave.com.br

New Level Design LTDA
Rua Padre Anchieta, 1923 cj
1210
Curitiba - PR
Brazil
CEP: 80730-000
T: 55 (41) 3085-3500
www.newleveldesign.com

Nike
Nike World Headquarters
One Bowerman Drive
Beaverton, OR 97005
Estados Unidos
www.nike.com

Nikola Novak
M.Cobanskog 112,
21460 Vrbas
Serbia
http://futurion3d.bravehost.com/
nikola.koleos@gmail.com,
ind.designer@hotmail.com

NNSS Universos
Bogotá 893 of. 2.
Martínez, Buenos Aires.
Argentina
T:+54 11 4717 0926
www.nnss.com.ar
contacto@nnss.com.ar

Oot Srl
Andrea Bianchi
via Alberto Mario, 19
20149 – Milan
Italia
T:+39 02 36167620
F:+39 02 36167630
info@oot.it
www.oot.it

Paulo Flatau y Rodrigo Magalhães
R. Guararapes n. 764,
Brooklin Paulista
São Paulo
Brasil
T: 55 11 3375 8403
F: 55 11 3375 8430
www.behance.net/PauloFlatau
pauloflatau@gmail.com

PORNOGRAPHICS
Bertrellans 4 pral 2
08002 Barcelona
España

T: 93 552 56 85

Stubborn Sideburn
P.O. box 46045
Seattle, WA 98146
Estados Unidos
T: 206-388-5052
www.stubbornsideburn.com
studio@stubbornsideburn.com

TDA Advertising & Design
1500 Pearl Street
Suite 300
Boulder, CO 80302
Estados Unidos
T: 303-447-1180
F: 3030-247-1214
www.tdaadvertising.com
info@tdaad.com

Toormix
Bruc 91, 4a planta
08009 Barcelona
España
T: +34 93 486 90 90
www.toormix.com
info@toormix.com

UFHO
Blk 2, Ghim Moh Road,
#05-332
Singapore
270002

T: +65 98511145
www.ufho.com
info@ufho.com

Unplug design
T : +822 6670 7363
www.unplugdesign.com
unplugdesign@hotmail.com

Wieden+Kennedy
224 NW 13th Avenue
Portland, OR 97209
Estados Unidos
www.wk.com
rebecca.groff@wk.com
trish.adams@wk.com